U0021332

給孩子的 下
希臘羅馬神話故事

地獄的英雄任務

重量級兒童文學作家
王文華／著　九子／圖

作者的話

幸好，我讀過希臘羅馬神話

記得第一次講希臘羅馬神話給低年級的孩子聽時，他們兩眼發亮，直追著問大力士海克力斯的種種，對他們這個年紀的孩子而言，世界還是一片神話。

沒錯，時至今日，我們依然要讀神話，而且越早越好。

大人，自認見多識廣，天底下少有事能引起我們的好奇，再稀奇古怪的事也覺得沒什麼了不起（真不知道是好事是壞事了）。

而對孩子來說，他們還相信童話的可能，聖誕老人的光臨以及種種神話故事。

我們鼓勵孩子閱讀，不就希望他們能在想像力還沒受到限制時，透過閱讀，啟發想像，開動幻想的引擎，奔馳飛翔於想像的國度嗎？這種古老天真的創造力，讓初民創造了神話，讓現代的孩子享有閱讀神話的樂趣。

心理學大師榮格說：「神話講述著人類心靈最深處、最幽暗的奧祕。」我們都有灰姑娘情結，希望自己有朝一日變成枝頭上的鳳凰；我們都有崇拜英雄的情感，見到正義得到伸張時，不由自主振臂狂歡，這都是亙古不變的相同意識。

外在科技不斷進步，但人類心裡集體的潛意識，卻全在希臘羅馬神話裡找到印證，有人說，世界上的故事只有六個，而從它們身上發展出今天形形色色的故事；如果此話當真，希臘羅馬神話至少占了其中一半，我們現在熟知的原典，伊底帕斯情結、繆斯女神、木馬屠城……幾乎全來自希臘羅馬神話。

有次帶孩子們去奇美博物館，上到二樓美術廳，我欣喜發現，那些圖有大半講的是希臘羅馬神話，當我跟孩子講這些故事，他們張著亮亮的眼睛望著我時，我只有一種感覺：「幸好，我有讀過希臘羅馬神話！」

本書設計

目次

作者的話　幸好，我讀過希臘羅馬神話　2
第1課　海克力斯挑戰十二項任務　7
第2課　斬妖除怪的大英雄特修斯　39
第3課　巧手戴達洛斯　57
第4課　最悲慘的伊底帕斯　65
第5課　七人英雄的忒拜城之戰　77
第6課　一顆蘋果引發的特洛伊戰爭　93

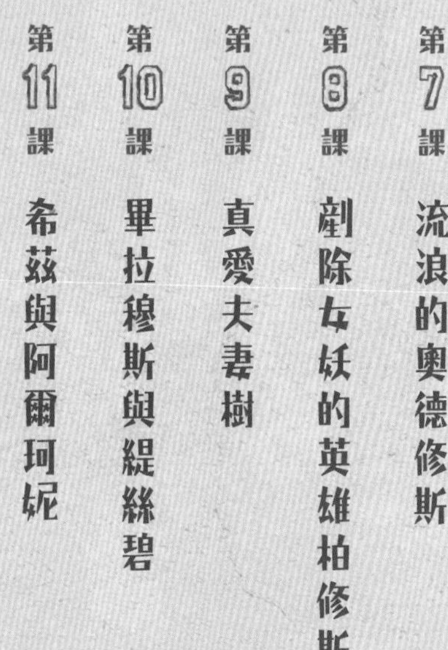

第7課 流浪的奧德修斯 115

第8課 剷除女妖的英雄柏修斯 149

第9課 真愛夫妻樹 159

第10課 畢拉穆斯與緹絲碧 165

第11課 希茲與阿爾珂妮 171

第1課

海克力斯挑戰十二項任務

希臘神話中最赫赫有名、無堅不摧的英雄，

可說非海克力斯莫屬了！

大家都知道英雄得先接受重重考驗才能堪稱智勇雙全，

不過，連續闖十二道關卡，會不會太困難了一點啊？

海克力斯的誕生

阿爾克墨涅是個大美女，她的美，連萬神之王宙斯也知道。有一天，宙斯趁著阿爾克墨涅的丈夫出征，搖身變成她丈夫，與她共度一夜，後來阿爾克墨涅就生下了海克力斯。

這孩子的父親雖然是宙斯，但是別忘了，宙斯有個醋罈子特別重的老婆赫拉。赫拉知道老公又去找情人，她一氣呀，地動天搖，山翻地覆。

阿爾克墨涅擔心天后報復，急忙把兒子放到野外去。

剛出生的嬰兒，沒能力保護自己，還好，他有雅典娜照護。雅典娜甚至勸赫拉餵他喝奶呢。

「好啊，我看這孩子挺可愛的。」赫拉不吃醋的時候，其實很有愛心。

不過，海克力斯是宙斯的孩子，即使是嬰兒，喝奶的力氣也比別人大，而且他餓了那麼久，用力一吸——

「哎呀！」

赫拉又疼又氣，把海克力斯往地上一扔，眼明手快的雅典娜伸手撈住孩子，就把他帶回城裡，交還給王后阿爾克墨涅撫養。

阿爾克墨涅一眼就認出這是自己的兒子，她高高興興地把孩子放進搖籃。

起初因為畏懼赫拉才遺棄孩子，沒想到這個愛嫉妒的女神不但用乳汁救活兒子，還送他回來，而且，海克力斯喝過赫拉的乳汁，這會兒力氣更大，頭腦更聰明了。

天下還有比這更美好的事嗎？

沒多久，天后赫拉知道內情，她恨得牙癢癢的，立即變出兩條毒蛇，命牠們除掉海克力斯。

兩條毒蛇爬上搖籃，用力纏住海克力斯的脖子。

海克力斯睡到一半，覺得好難受，兩手一扯就把蛇扯下來，再用力一捏，兩條蛇就這麼被他捏死了。

小小年紀就殺死毒蛇，大家都說他將來必有一番成就。城裡的先知還預言他將戰勝巨人，並贏得青春女神赫柏的愛情呢！

於是，海克力斯受到眾多英雄的賞識，他們紛紛前來教他十八般武藝⋯⋯

安菲特律翁國王教他駕駛戰車。

俄卡利亞國王教他拉弓射箭。

哈耳珀律庫斯教他角鬥與拳擊。

刻莫爾庫斯教他彈琴唱歌。

連阿波羅的兒子，白髮蒼蒼的里諾斯也來教他讀書寫字。

海克力斯十八歲時，已是全希臘最英俊、最強壯的男子漢。

當時的希臘，處處是沼澤和可怕的猛獅、野豬與巨豹。海克力斯為民除害，除掉了附近的野獸。

披著獅皮，戴著獅子頭盔，從此成了海克力斯的標誌。

海克力斯很厲害，連天上諸神都知道，他們紛紛送來禮物：

荷米斯的劍。

阿波羅送了弓。

赫菲斯托斯為他打造箭袋。

雅典娜送他嶄新的青銅盾⋯⋯

受到諸神的饋贈，海克力斯感激不盡，很快就有了報答的機會。

世界剛創造之初，地母蓋婭曾和烏拉諾斯生下一群巨人，他們長得像山一樣高，面孔猙獰，脾氣暴躁，對了，他們還拖著長長的龍尾巴，真是人見人怕。

宙斯推翻克羅諾斯後，他擔心巨人造反，就把他們關進地獄裡。

不過，這會兒巨人用神力衝破地獄。

星星躲起來，白雲藏起來，連阿波羅也調轉黃金馬車，不敢橫越天際。

巨人們推倒高山，把山當階梯，他們手裡拿著燃燒的木棒，像風暴般衝向奧林匹斯。

奧林匹斯聖山上燃起熊熊的戰火。

戰爭如狂風暴雨，什麼時候才結束呢？

諸神得到一則神諭：「如果有一名凡人參戰，就能打敗巨人。」

宙斯便召喚海克力斯前來參戰。

海克力斯抵達時，山上戰火正烈，巨人們已經登上山頂了，很多天神都受了傷。

海克力斯加入戰局，一箭就射中最高大的巨人阿耳克尤納宇斯，這個龐大的巨人滾落山去，可是他一落到地上，又復活了。

雅典娜提醒海克力斯：「不能讓他碰到泥土。」

海克力斯追下去，用力舉起大巨人，那巨人雙腳一離地，這回真的死了，死得徹徹底底。

海克力斯跟天神合作，他的箭術好，力氣大，有他的幫忙，巨人節節敗退……

大力巨人被宙斯用雷電劈倒；眼睛噴火巨人被阿波羅射瞎；雅典娜舉起西西里島，壓住想逃走的巨人，海神波塞頓在海上伏擊，逃到海上的巨人被他追到愛琴海，他用三叉戟劈裂海島一角，將他埋在裡頭。

戰鬥終於結束了。

諸神稱讚海克力斯功不可沒。宙斯把參戰的神祇一概稱作「奧林匹斯人」，這是勇者才有的稱號。連凡間女子為宙斯所生的兩個兒子：酒神戴奧尼索斯和海克力斯，也都獲得了這光榮的稱號。

海克力斯有這麼大的功勞，天后赫拉卻仍然對他記恨，海克力斯越受人尊敬、家庭生活越美滿，赫拉就越不能忍受。

「你等著吧。」

「連你也佩稱『奧林匹斯人』？哼！」

她命瘋狂女神在海克力斯耳邊日夜干擾，迫使海克力斯發瘋。海克力斯在瘋狂中，竟用箭射殺了自己的兒子和妻子。

清醒後的海克力斯望著親愛家人的屍體，不禁痛哭失聲。

「我是罪人，我罪該萬死。」

他就這樣過著自我放逐的生活，孤獨的走在天地間。

有一天，他來到阿波羅的神殿，祭司告訴他，只要為邁錫尼的國王歐律斯透斯完成十二項任務，就能淨化自己罪惡，化身為神。

任務一：擊敗巨獅

第一項任務是對付一頭巨獅。

巨獅住在森林裡，時常出來吃人，牠凶悍無比，凡間武器奈何不了牠。

有人說，牠是從月亮掉下來的。

有人說，牠是巨人和蛇妖生的兒子……

總之，歐律斯透斯國王派他去捕殺巨獅，海克力斯就去了。

他先砍倒一棵橄欖樹，將樹幹削成一根結實的棍棒當武器。此外，他還向雅典娜祈求，賜予他力氣與智慧來駁倒巨獅。

海克力斯一走進森林便聽到巨獅懾人心弦的腳步聲，急忙躲進樹叢，耐心等著牠走近。

來了，來了，巨獅剛吃過獵物，嘴邊還有鮮血呢。

海克力斯瞄準巨獅，拉開弓，用力射了一箭。海克力斯力大無比，他的箭能射穿巨人，然而碰到這頭巨獅，竟然像射在石頭上。

巨獅抬起頭，吼了一聲，轉過身來對著海克力斯，機會來了，海克力斯連忙朝巨獅的心臟射出第二箭，然而，這箭還是奈何不了牠。

難道這頭巨獅的身體是鐵鑄的嗎？

海克力斯正想取出第三枝箭時，巨獅怒吼一聲，朝他撲了過來。

空氣瞬間凍結，什麼聲音都聽不到，海克力斯扔下弓，向左一退，舉起木棒猛力擊向巨獅，這一棒擊中牠的脖子，巨獅落到地上，牠想跳起來，海克力斯立刻衝上去，抱住巨獅的脖子，勒緊牠的喉嚨，直到牠斷氣為止……

現在，他終於有時間好好瞧瞧這隻高大威猛的巨獸，如果把牠的皮剝下來，做成鎧甲，那真是酷斃了。

只是，巨獅的皮很堅硬，海克力斯用了好多力氣也剝不下來。

後來他才想到，他可以利用巨獅的利爪劃開獅皮，於是他用這張奇異的獅皮做了一件鎧甲和頭盔，這副裝扮就成了他的標誌，不管他去哪裡，大家都認得出來。

回到王宮，歐律斯透斯國王嚇得雙腿發軟，一個凡人竟然能打敗那麼龐大的巨獸，他認定海克力斯是怪物，從此，再也不讓海克力斯走近自己，各項命令都由臣子為他轉達。

死掉的獅子，並沒有被人忘記哦！赫拉把牠放到天空，成為十二星座中的「獅子座」。

任務二：九頭蛇許德拉

許德拉是一隻九頭蛇。住在沼澤裡，上岸作怪，糟蹋莊稼，危害牲畜。牠的身體碩大無比，性格凶猛。詭異的是，牠有九顆腦袋，其中八顆頭都能砍掉，但是第九顆頭，也就是直立的那一顆卻永遠殺不死。

這是海克力斯的第二項任務，他的侄兒俄拉俄斯特地駕車來幫忙。

他們到了許德拉住的山洞，海克力斯射出飛箭，把九頭蛇引出山洞。許德拉的九顆頭吐著蛇信，發出嘶嘶的聲響，海克力斯一點也不畏懼，他跑過去跳起來，用力抓住牠，許德拉立刻用身體緊緊纏住海克力斯。

許德拉的身體勒得海克力斯喘不過氣來，他舉起手中巨棒，用力打著怪蛇的頭，不過，他每打碎一顆頭，許德拉馬上又長出一顆頭。

更慘的是，天后赫拉也來湊熱鬧，她派出一隻巨蟹去攻擊海克力斯的腳，沒想到海克力斯一棒就擊碎巨蟹，回頭繼續與怪蛇纏鬥。

他的侄兒拿火把從旁協助，用火焰燙傷剛長出來的蛇頭，不讓牠們再長大。海克力斯乘機砍下許德拉直立的那顆頭，並埋在路邊，用大石頭壓住，這才終於除掉了這個可怕的怪物。

九頭蛇死後流出了血，海克力斯將自己的箭浸在蛇妖的血中，從此以後，他的箭便染上劇毒，被海克力斯射中的敵人再也無藥可醫。

至於死掉的巨蟹，赫拉則將牠放到天空，成為十二星座裡的「巨蟹座」。

任務三：生擒母鹿

克列尼亞山上有隻特別的母鹿，牠的毛皮閃著金光，還有金色的角及青銅的蹄子。月亮之神阿爾特彌斯剛成為獵人時，曾捕到五隻鹿，其他四隻都被捉來為她拉車；唯獨這隻母鹿靈巧迅捷，逃出女神的手掌心，跑到克列尼亞山上躲藏。

有個預言，說是海克力斯為了抓牠，必須花上很久很久的時間……

歐律斯透斯也聽過這則傳言，所以就在指派第三項任務時命令道：「抓來那隻母鹿。」

任務終究是任務，海克力斯再怎麼不願意，也只好出發了。

為了捉這頭母鹿，海克力斯追了整整一年，甚至追到北極，最後他把母鹿困在山洞裡，這才捉住牠。

任務本身其實不難，只是真的像預言所說的那樣，必須花上很久的時間。要跑一整年，實在有點累啊！

任務四：活捉野豬

厄律曼托斯山出現一頭大野豬，牠對地方上危害甚大。

海克力斯的第四項任務就是除掉這隻野豬。

途中，海克力斯經過他朋友福羅斯的家。

福羅斯是人馬，他很開心的拿出烤肉招待客人。

海克力斯問：「客人來了，怎麼沒有酒呢？」

「地下室有一桶酒，那是酒神送給全體人馬的，我不能私自開了它。我們人馬很小氣，他們要是聞到酒香，知道我偷開了酒桶，會跑來要了你我的命呀！」

「好朋友，我現在口渴難忍，你把酒開了吧，我會保護你的！」

福羅斯是人馬，當然也愛喝酒，於是舔舔嘴唇。「其實我也很想嘗嘗那酒的滋味呢！」

他們立刻打開酒桶，酒香有靈性，它飄上樓，又飄出屋子，把人馬全都引來了。

人馬蜂擁而來，他們手裡拿著武器，團團圍住福羅斯的地下室。海克力斯拿起火把將第一批人馬打跑，又用箭射走剩下的人，然後，他又一路追呀追呀，直追到伯羅奔尼薩半島。

半島上住著海克力斯的老師喀戎。

哎呀，海克力斯的流箭不小心射中喀戎，糟糕，海克力斯急忙拔下箭。喀戎精通醫道，他調製藥膏敷在自己的傷口上，但是，那些箭全都浸過九頭蛇許德拉的毒血，傷口是治癒不了的。

喀戎吩咐海克力斯把他抬回洞穴，希望能夠死在朋友的懷裡。可惜這個願望根本無法實現，因為喀戎本來就是不死之身，他只能永遠忍受傷痛的折磨。

深受劇毒之苦的喀戎為了求解脫，決定掙扎著前往高加索山，自願代替普羅米修斯，放棄自己不朽的生命，讓自己遭老鷹啄身致死。

哎呀，糊里糊塗闖了禍，海克力斯覺得好沮喪。

他告別喀戎，回去找福羅斯，然後他發現，福羅斯死了。

這要怪福羅斯太好奇了，他發現人馬身上中了海克力斯的箭，他把箭拔出來，想看看它為什麼如此厲害，結果，好奇心害死他，浸了毒藥的箭尖劃破他的皮膚，他因此失去生命。

一枝箭，害了兩位朋友，海克力斯很悲傷，將福羅山葬在一座山下，從此，這座山就叫做福羅山。

海克力斯沒有忘記自己的任務，繼續上路去尋找野豬。他大聲吼叫，把野豬趕出叢林，又在後面追趕，一直趕到雪地裡，這才用活結把筋疲力盡的野豬套住。

他把野豬送給國王，國王卻被野豬可怕的模樣嚇得心驚膽顫，匆忙躲入青銅罐中，直叫著：「去去去，快放走野豬吧。」

任務五：清掃牛棚

第五件任務臭臭的。

歐律斯透斯要海克力斯去掃牛棚。

那個牛棚是屬於伊利斯國王的。國王有三千多頭牛，這些牛全關在宮殿前的牛棚裡，奇怪的是，三十年來，他從未打掃過牛棚。牛糞堆積如山，臭氣沖天，旁人都不敢靠近。

歐律斯透斯說：「這件任務，最適合給英雄了。」

海克力斯不抱怨。「既然是任務，那就得完成。」

他來到伊利斯國王面前，說自己要幫他清牛棚。

伊利斯國王望著這位身披獅皮的男子，想到這樣一位高貴的武士竟然願意做僕人的活，忍不住笑了起來。「陌生人，如果你能在一天之內把牛棚掃乾淨，我就把十分之一的牛送給你。」

海克力斯接受這個條件。他挖了一條水溝，引來兩條大河的河水，河水嘩啦啦，不到一天，牛棚裡的便便全部沖刷得乾乾淨淨。

哈，海克力斯連手都沒有弄髒，任務就完成了。

「國王呀，我來領那十分之一的牛。」海克力斯說。

伊利斯國王打聽過，知道這是歐律斯透斯派給他的任務。

「既然是任務，我便不能給你報酬了。」國王想賴帳了，「如果你不服氣，我們可以找個法官來判決。」

法官審理時，伊利斯國王的兒子被傳去作證。

國王的兒子說：「我爸爸是國王，他親口答應過，要送海克力斯牛群的。」

伊利斯國王好生氣，判決還沒下，他就命令海克力斯和他兒子離開伊利斯。

「你們永遠別回來！」

原來惱羞成怒的人，竟連自己的親生兒子也可以不要呢！

任務六：驅趕怪鳥

完成任務應該很開心才對，可惜海克力斯遇到的是歐律斯透斯。歐律斯透斯最恨海克力斯開心了。

現在，他又耍賴了。「你跟人家要了報酬，所以這項任務不算數。」

「怎樣才算數？」海克力斯急著問。

「你還要趕走斯廷法羅斯湖的怪鳥，才算數。」

斯廷法羅斯的怪鳥有鐵翼、鐵嘴、鐵爪子，牠們抖落下來的羽毛，像一根根射出去的飛箭。

這種鳥嘴能夠啄破青銅盾，爪子可以抓破堅韌的盔甲。斯廷法羅斯湖畔，被怪鳥吃掉的人畜數不勝數。

海克力斯只好來到湖邊，他剛舉起箭，這群怪鳥便躲進森林，牠們在林子裡飛來飛去，根本無法瞄準。海克力斯看著牠們在空中飛，卻無法制服牠們，心裡正發愁呢，有人拍了拍他的肩膀，他回頭一瞧，是女神雅典娜。

雅典娜交給他兩面大銅鈸，那是火神赫菲斯托斯製造的。

「有了它們，你就能完成任務了。」雅典娜很欣賞海克力斯，特地來教他解決

的辦法，也不要任何回報，立刻隱身走了。

有了銅鈸，海克力斯信心滿滿的爬上湖邊的小山，他使勁敲呀敲，鏗鏗鏗的聲響，讓怪鳥受不了，牠們倉皇飛出樹林。

這下子好辦了，海克力斯彎弓搭箭，每一箭射出去，就有一隻鳥落地身亡。沒被射中的怪鳥，再也不敢留下來，牠們飛越大海，飛得好遠好遠，從此再也沒有回來。

任務七：馴服公牛

克里特國王彌諾斯闖了大禍。

那得怪他自己，因為他曾向海神波塞頓許諾：「我們領土內沒有一種動物值得獻給您，如果要向您進獻，我會把海裡出現的第一個動物呈給您。」

這番祭詞讓波塞頓感動極了。

「真沒想到有人如此虔誠。」

於是，海神施法，一頭健壯的公牛從海裡跑出來。精壯結實，兩角彎曲如新月。

彌諾斯看到這頭好看的牛，歡喜異常，一邊撫摸，一邊讚嘆，這會兒，他可捨不得把牛送回去給海神，反而將牠藏在牛群裡，用另一頭公牛去代替。

這真是個蠢念頭，海神波塞頓當然認得自己的牛，於是當然生氣了。

海浪洶湧有如一座座的小山，瘋狂的浪潮，讓那頭公牛發狂，牠在克里特島上橫衝直撞，大肆破壞。

收拾這頭狂牛的任務，又落到了海克力斯身上。

「第七件任務，把牛馴服了，帶牠回來。」

哎呀，原來歐律斯透斯國王也看上這頭牛了！

海克力斯到了克里特島，他有非凡的力量，用力一勒，狂暴的公牛平靜了，他就這麼騎著牛，回到了伯羅奔尼薩。

歐律斯透斯國王很滿意，尤其是他看到公牛時，連忙揮揮手要海克力斯下來，「這麼好的牛，讓我瞧一瞧。」

「歡迎呀，不管您是要看牛、騎牛，都沒問題。」

海克力斯很開心的跳下來，把牛繩交給國王。

國王才剛接過韁繩，這頭牛就邁開四蹄，要不是國王的手鬆得快，他也會被牛拖著跑。

原來，公牛只怕海克力斯，除了海克力斯，還有誰能制住牠呢？這頭公牛一溜煙就穿過地峽，跑得遠遠的。牠到處作惡，如同過去在克里特島上一樣。直到很久以後才被希臘英雄特修斯制服。

任務八：制服牝馬

皮斯托納國王狄俄墨得斯是戰神阿瑞斯的兒子，他養了一群凶猛狂野的母馬，牠們呼氣時，還會噴出火焰，必須用鐵鍊子緊鎖在鐵製的馬槽上。餵養母馬的飼料不是燕麥，竟是誤入城堡的旅人。

為了解決這次任務，海克力斯帶了幫手阿布德羅斯來，他們先制服馬廄管理人，然後把凶殘無道的國王扔進馬槽。這些馬吃完國王之後，立即變得溫順平和。牠們聽從海克力斯的指揮，跟著他來到了海邊。

不過，一行人才剛走到海邊，好戰的皮斯托納人就全副武裝的追過來了。海克力斯連忙把馬交給阿布德羅斯看管，自己專心對抗皮斯托納人。

等海克力斯打跑了皮斯托納人，一回頭，竟然找不到阿布德羅斯。原來他一鬆手，那些母馬又恢復瘋狂，竟吃了阿布德羅斯。

海克力斯十分難過，為了紀念阿布德羅斯，就在當地建了一座城，以阿布德羅斯的名字命名。

最後，他又制服了這些母馬，把牠們順利交到歐律斯透斯的手中。歐律斯透斯將這些馬獻祭給天后赫拉。後來這些母馬生育小馬，長期繁殖，據說馬其頓的國王亞歷山大騎過的一匹馬，就是牠們的子孫。

任務九：征服亞馬遜人

歐律斯透斯有一個女兒，名叫阿特梅塔。歐律斯透斯命令海克力斯下一個任務是把亞馬遜女王希波呂忒的腰帶奪來，送給阿特梅塔。

亞馬遜人居住在特耳莫冬河兩岸，那是一個女人國，她們買男人來傳宗接代，如果生下女孩就留下來，男孩就殺掉。

自古以來，亞馬遜人特別好戰。她們的女王希波呂忒佩戴著戰神送的腰帶，象徵女王的權力。

海克力斯召集了一批好手，一起乘船去冒險。經過許多波折，進入黑海，來到特耳莫冬河，駛入亞馬遜人的港口。他們在這裡遇到了亞馬遜人的女王。

女王看到海克力斯相貌堂堂，身材魁梧，對他非常敬重。聽說英雄遠道而來的目的後，便一口答應將腰帶送給他。

任務好輕鬆，可惜，在旁看好戲的天后赫拉覺得太不過癮了。

「我來助你一臂之力吧。」

天后親自下凡，她扮成亞馬遜女子，混在人群中散布謠言，說這群外地人想劫持女王。亞馬遜人大怒，便趁著夜色襲擊城外帳篷裡的海克力斯。

雖然事發突然，很多人都負了傷，但是海克力斯的武藝非凡，沒有一個戰士是他的對手。

黎明時分，勝負分曉，海克力斯大勝，女王希波呂忒依約獻出腰帶，並親自送他們返回家鄉。

任務十：牽回牛群

第十個任務很奇怪，竟是要去偷一群紅牛。

紅牛的主人叫做革律翁，他是個三個身體、六條腿的巨人。遇到他，大部分人都會嚇得落荒而逃。

革律翁還有三個兄弟，他們除了力氣大，還各自擁有一支軍隊。

海克力斯的冒險開始了。

他帶了一群朋友，大家從利比亞登陸。

上了岸，岸上有個高塔般的巨人。

「想從這裡過，先和我比比武藝。」

巨人向路過的人咆哮著，打得過他的人才能經過那條路，打不過他的人，全被他吞下肚。

海克力斯和他決鬥，海克力斯一連打倒他三次，奇怪的是，巨人只要一倒地，不管傷勢多嚴重，都會立刻復原。「再來再來，剛才的不算。」

真是個討厭的傢伙。

原來，他的母親是大地之母蓋婭，他的祕密是可以從大地吸取源源不絕的精力。

海克力斯發現這祕密，於是，第四次打倒巨人時，他故意不讓巨人的手腳碰到地上，用力一扳，在空中把他折成兩半，當場替利比亞人解決這可怕的怪物。

他們穿越沙漠，來到了大西洋邊，海那麼遼闊，怎麼渡海呢？

如果是一般人，一定打道回府了。

海克力斯看看四周，四周只有沙灘，看看天空，天空只有熱度驚人的太陽。

於是，海克力斯把弓箭舉起來瞄準太陽。「我們要過海。」

阿波羅佩服他的精神，借給他一只金缽。金缽一碰到水，立刻變成了一艘金船，無論海克力斯的軍隊有多少人，金船全都載得下。

他們乘風破浪，到了意卑利亞。

岸上，革律翁的三個兄弟正等著他，那是三支百戰百勝的軍隊。

海克力斯衝在最前面，他根本不理小兵，直接衝到隊伍後頭，抓住革律翁的三個兄弟，一拳一個，三拳就把他們三個打倒了。

士兵們看見自己的統帥死了，再也無心打仗，拋下武器投降。

現在，終於可以抓到牛了？

哦，不，革律翁的牛被一條雙頭狗看守著。

雙頭狗先看到他，發出低沉恐怖的叫聲，露出可怕的尖牙。

海克力斯等牠快撲到了，一個轉身避過，揮動木棒，一棒打翻惡犬。

那群紅牛很聽話，海克力斯喊了一聲，牠們全乖乖跟著他走。

不過，革律翁不好惹，他發現牛不見了，立刻追趕過來，他是巨人，一個跨步就跳過一座山，三小步就輕鬆追上海克力斯。

「那是我的牛。」

「偷牛賊，留下我的牛！」

革律翁的吼叫聲，讓整個島都搖晃了起來。

海克力斯不慌不忙，他拉開黃金弓，射了一箭，那枝箭先從革律翁的第一個身體進去，再從第三個身體跑出來，革律翁雖然有三個身體，卻被海克力斯一箭射穿。

歐律透斯透以為這次的任務很困難很困難，誰知道海克力斯依然成功完成使命，他氣得咬牙切齒，卻又無可奈何，只好再想想有沒有更可怕的任務能難得倒他。

任務十一：摘取金蘋果

很久很久以前，宙斯跟赫拉結婚時，所有的神都送來禮物。

金寶座、銀馬車、鑽石項鍊和寶石拖鞋……每一樣都好看，每一樣都可愛。

地母蓋婭的禮物是一棵結滿金蘋果的大樹。這麼珍貴的禮物，當然要請最厲害的人來看守。

這個人是負責扛起天空的巨人阿特拉斯的女兒，她還帶了一條百頭巨龍前來。

百頭巨龍從來不睡覺，牠的一百張嘴巴會發出一百種不同的聲音，所以，沒人敢動金蘋果的歪腦筋。

「你，第十一項任務，去把金蘋果偷來。」

國王歐律透斯透心裡想的是：「這個任務一定整死你。」

「金蘋果樹長在哪兒呢？」海克力斯問。

歐律斯透斯一聲冷笑。「不知道，你快去吧，找不到，就別回來啦。」

砰的一聲，皇宮大門鎖上了。

咚的一聲，海克力斯出發了。

去哪兒找金蘋果樹呢？

古時候沒有地圖，沒有導航機，海克力斯只好東西南北亂走一通。

他先來到帖撒利，這裡有個頭殼很硬的巨人。

巨人有個怪怪的習慣，不管是誰經過這裡，他會像頭公牛般衝過來，用頭狠狠一頂，把旅客頂死在地上。

很不幸的，海克力斯就碰上他。

「哈哈哈。」巨人狂笑著衝過來。

據看過的人回憶：

往年巨人撞牆牆倒，撞樹樹斷，這回撞一個人，應該……砰的一聲，激起好大的塵埃，塵埃落定後，只見海克力斯完好無缺，倒是頭殼硬邦邦的巨人，整個頭當場爆掉。

海克力斯替人們除掉這個可怕的大巨人後，便繼續前進。他在埃希杜羅斯河附近打敗了戰神的兒子。

穿過伊利里亞，幾個山林水澤的女神指示他，想找金蘋果，要先去找老河神。老河神有預言能力，但是想問老河神事情不容易。

「趁他睡覺時……」一位女神說。

「突襲他。」另位女神說。

「捆起他，他什麼都會說的。」女神們輕柔的嗓音，像是山林調皮的玩笑……

海克力斯趕到河邊，老河神不肯就範，於是變成一條巨蛇，海克力斯馬上認出他來。河神又急忙變成獅子，海克力斯拉著他的腳。老河神再變成火焰，海克力斯卻跳進熊熊大火中，仍然緊緊抓著他。

河神逃不掉，這才說出金蘋果的位置。

原來，金蘋果在遙遠的彼岸。海克力斯穿過利比亞，來到埃及。埃及正鬧乾旱，連續九年沒有下過半滴雨。

來自賽普勒斯的預言家宣布了一項殘酷的神諭：「只要每年向宙斯獻祭一個外鄉人，土地就能肥沃，雨水才會再度降臨大地。」

「找外鄉人，簡單哪。」埃及的國王好喜歡這項獻祭，派人把預言家抓起來。

「神諭總要遵守的。」國王說。

「我是神的代言人……」

「但，你也是個外鄉人呀。」殘暴的國王殺了他，還下令只要是外地來的人，全都要抓起來殺掉。

殺殺殺。

從沒有一個國王如此野蠻。

初來乍到的海克力斯也被抓起來，士兵們氣勢洶洶的把他押到宙斯聖壇前。

「又一個外鄉人，」國王向著天空宣告：「萬神之王，我們又為您送上了一位祭品。」

劊子手正想動手，但是，奇怪了，粗大的繩子被海克力斯輕輕一震，繩子竟然像是麵條一樣，斷了。

海克力斯輕輕一推，推倒了劊子手，然後像抓小雞一樣，把殘暴的國王送進了冥府。

再往前走，經過高加索山時，遇上曾受海克力斯和喀戎解救老鷹啄肝之苦的普羅米修斯。

普羅米修斯為了報答他，告訴他金蘋果就在前方不遠之處。「你不要自己去摘金蘋果，最好請巨人阿特拉斯去完成這任務，因為看守金蘋果的，就是阿特拉斯的女兒。」

不過，阿特拉斯正忙著扛天空呢。

他是大力士，肩頭扛著整個天空。

「要我去摘蘋果呀，沒問題，我也正想活動活動筋骨，扛久了，有點膩。」阿特拉斯說：「只是，天空誰來扛呢？」

海克力斯提議：「我來吧。」

「天很重。」

「我力氣很大呀。」海克力斯肩頭一頂，真的頂起了天空。

阿特拉斯就朝著蘋果走去，他想辦法讓百頭巨龍睡去，再一刀殺了他，遇到看守果園的仙女，那是自己的女兒，他輕輕鬆鬆摘了三顆金蘋果，高高興興回來找海克力斯。

「你回來啦，太好了，你該回來扛天空了。」

阿特拉斯揉揉肩頭。「嗯，我的肩頭告訴我，他們扛太久，該休息了。」

「你怎麼……」

阿特拉斯把金蘋果放在海克力斯面前。「朋友，謝謝你替我扛天，我想去逛逛走走了。」

海克力斯急忙喊住他：「等一下，等一下。」

阿特拉斯笑著說：「你可別想要我回頭。」

「不不不，我只想找塊軟墊放在肩上，這副重擔沒有個軟墊，扛起來不舒服。」

「沒問題，你去找墊子，我幫你扛一會兒。」他歪著頭，讓天空放在他的左肩，望著海克力斯越走越遠的身影。

「你記得，找到墊子快回來。」

當然，海克力斯撿起地上的金蘋果之後，就再也沒折返了。

歷經重重難關，取回金蘋果，國王開心了嗎？

當然不，他氣壞了，直接把金蘋果丟給海克力斯，原來，他根本就不喜歡金蘋果。

海克力斯呢？他笑一笑，拿著金蘋果，開開心心供在雅典娜的聖壇上。

任務十二：帶回地獄惡狗

歐律斯透斯的陰謀屢屢受挫，海克力斯卻因為這些任務成了大英雄。他除掉許多怪物，世界變得更安全，人們喜歡他，談起他來總是說：「哦，我們的英雄。」

「英雄？」狡猾的國王決定指派一個不可能的任務，自古至今，還沒人做得到。「地獄有隻地獄犬，你去把他帶來吧。」

去冥府，帶回地獄犬？

那隻狗有三顆頭、嘴裡長滿尖牙、拖著一根龍尾，嘴裡流出毒唾液，如果仔細看，還能看見他背上滿布著毒蛇。

想抓這條狗，還得先找到地獄。

傳說中，伯羅奔尼薩半島的忒那隆城，有一個通往地獄的入口。海克力斯來到這裡，由跑最快的荷米斯帶領他到了地獄的大門口，在那個大門口有許多陰魂，它們一見到有血有肉的人，立即嚇得四散奔逃。

海克力斯見了冥王黑帝斯，向他說明來意。

黑帝斯一口答應海克力斯的要求，唯一的條件是他不能用任何武器去攻擊地獄

犬。海克力斯為了完成任務，只好放下武器，赤手空拳的單挑地獄犬。

地獄犬守在冥河河口，一看到海克力斯，立刻撲過來，海克力斯向右邊退一步，從旁邊用力一敲，順勢勒住地獄犬的脖子，用腿把牠的三顆頭夾住。

地獄犬揚起龍尾巴，橫掃過來，海克力斯舉起巨拳，一拳就把地獄犬的尾巴打趴，終於制服了這頭可怕的惡犬。

「走吧，我帶你回去找國王。」

海克力斯用鐵鍊拴住牠，開開心心帶他走回陽光燦爛的人間。

一路上，人們都嚇死了，從沒見過這麼可怕的惡犬。

歐律斯透斯國王更害怕，事到如今，他終於肯相信海克力斯是宙斯的兒子，誰也無法除掉他。

「帶走帶走，別讓牠在這裡。」歐律斯透斯的聲音好驚恐，而皇宮裡裡外外的人們，都聽見海克力斯那豪爽的笑聲，夾雜著歐律斯透斯可怕的哀鳴：「去去去，你已經完成十二項任務，永遠別來找我啦。」

海克力斯完成這十二項困難的挑戰，洗清了自己殺害妻兒的罪孽。他終於可以享受自由自在的感覺了！

神話大人物

海克力斯　希臘神話中最偉大的英雄，他的爸爸是宙斯，母親是人間美女阿爾克墨涅，因為喝過赫拉的奶水而獲得不朽的生命力與戰鬥力。他的裝扮獨樹一幟，能展現他的智慧與勇氣。古希臘人視他為男性氣概典範，古羅馬甚至有好幾個皇帝以海克力斯再世自居呢！

第2課

斬妖除怪的大英雄特修斯

為了鞏固權力而誕生的男人，
終於長大成人以後，竟引起一波又一波的爭端？
特修斯雖然不必像海克力斯一樣完成十二項任務，
卻也上山下海，完成許多驚心動魄的歷險……

國王愛琴斯的煩惱

雅典國王愛琴斯沒有兒子，讓愛琴斯煩惱的是，他的兄弟帕拉斯有五十個兒子。

帕拉斯可不是省油的燈，整天對王位虎視眈眈……

「如果我沒有兒子，王位最後……」想到這兒，愛琴斯嘆了一口氣，把煩惱講給好朋友庇透斯聽。

庇透斯最近也很煩，他獲得了一個神諭：庇透斯的女兒埃特拉公主不會有公開的婚禮，卻會生個英雄兒子。聽了愛琴斯訴苦，庇透斯想到一個兩全其美的方法：「不如你瞞著王后，和我女兒偷偷結婚……」

國王一聽，覺得有道理，他悄悄來到庇透斯家，和埃特拉公主結婚，幾天後，又神不知鬼不覺回雅典去。

回去前，愛琴斯用巨石壓住寶劍和鞋子。「如果神祇保佑我們，賜給我們一個兒子，請妳悄悄扶養他長大，別讓人知道孩子的父親是誰。等他長大成人，搬得動這塊岩石了，就讓他取出寶劍和鞋子來找我！」

幾個月後，埃特拉真的生了一個兒子，取名特修斯。

特修斯的修練

特修斯在外公和母親照顧下長大了。他一天比一天健壯，沉著機智，是個少年英雄。

埃特拉公主很欣慰，她讓特修斯舉起巨石，取出寶劍和鞋子，說出他真實的身分。

「孩子，帶著信物，去雅典找你的父親。」

當年，如果走陸路去雅典，沿路會有打劫的強盜，不太平安。慈祥的埃特拉替特修斯準備船隻，希望他從水路去雅典。

特修斯不肯。

「我要像海克力斯一樣成為大英雄，怎麼可以怕危險呢？」

「路上壞人多呀。」母親不放心。

「如果遇到壞人，我把他們除掉，就能為民除害呀。」年少志氣高的特修斯毫不畏懼的說。

特修斯記得在他很小的時候，他的表哥，也就是大力士海克力斯曾到他們家來作客。

吃飯的時候，海克力斯把身上的獅皮解下來，其他孩子都嚇跑了，特修斯卻拖著斧頭，朝獅子皮衝過去，如果不是旁人拉著，他就要跟那張獅子皮拚命呢！

這麼勇敢的行為，讓海克力斯留下深刻的印象。

見過海克力斯後，他也想效法表哥海克力斯。

年少志氣高的特修斯，不想讓表哥專美於前呀。

「如果我害怕危險，給父親的信物沒有沾上征戰的灰塵，父親會怎麼說呢？」

埃特拉很明理，她替自己的孩子高興，親手為特修斯整理行李，祝福他能平安抵達雅典。

特修斯這一路，果真遇上了盜匪。

他最先遇到的是大盜佩里弗特斯。這個大盜的武器是一根鐵棒，動不動就把旅人打成肉餅，外號「鐵棒手」。

特修斯以其人之道還治其人之身，他的力氣大，搶來佩里弗特斯的鐵棒，一棒就把鐵棒手敲成肉餅，他也留下那根鐵棒當作紀念品。

再往前，有個扳樹賊辛尼斯。

辛尼斯力大無窮，能兩手同時扳下兩棵松樹。倒楣的旅人被他抓住綁在樹梢上，他突然放手，樹梢便向上彈去，當場把人撕兩半。

該怎麼做就怎麼做，特修斯揮舞鐵棍制伏了辛尼斯。

辛尼斯當然也被特修斯綁在樹上，讓大樹把他撕成兩半。

在墨伽瑞斯邊界時，還有個無惡不作的大盜賊斯喀戎。

斯喀戎住在岩洞裡，誰被他捉住了，就得幫他洗腳。他會趁人不注意時，一腳把旅人踢進大海裡。

特修斯如法炮製，也是一腳把他踢進大海裡。

還有個奇怪的攔路大盜達馬斯特斯，隨身帶了一張床，外號叫「鐵床匪」。

被鐵床匪攔下來的人，如果比那張床還矮，他就把人拉長；如果比床長，他就把人家的腳鋸得跟床一樣長。

特修斯捉到鐵床匪，也要求他躺在床上量一量，他是拉長鐵床匪的身體呢？還是砍斷鐵床匪的腿？

嗯，這是個好問題，可是一直沒有答案。總之，鐵床匪被他除掉了，人們經過這個地方，再也不必擔心身高長短的問題。

牛頭妖米諾陶

特修斯還沒到雅典，他為民除害的名聲早已經傳遍雅典。

雅典的國王還是愛琴斯，他不知道這位聲名遠播的陌生人是自己兒子，還派人送來一張請帖，邀他進宮參加宴會。

參加宴會的，還有愛琴斯的新太太美狄亞。

美狄亞是個美魔女，她當年離開傑森後，就跑到雅典來。

王后美狄亞不但懂魔法，還知道特修斯的

身世，她明白要是特修斯繼承王位，遲早會把她趕出王宮。

嗯，一不做二不休，美狄亞趁他們父子還沒相認，調製毒藥，找個藉口，說是這個陌生人名氣大受歡迎，絕對是來搶王位的。

美狄亞勸國王：「讓他喝下這杯毒酒，除掉你的心頭大患。」

愛琴斯覺得有道理，就在酒裡動手腳。

宴會開始了。

毒酒被放在特修斯的面前。

美狄亞緊盯著那杯酒，心想：「只要他喝了，只要他喝了……」

終於，特修斯拿起酒，美狄亞露出笑容。

不過，還沒，他暫時放下酒杯，抽出寶劍準備切開桌上的肉。

愛琴斯一看到那把劍，立刻推掉特修斯面前的酒。他看看劍，又看看他穿在腳上的鞋。「你……你是我的兒子呀。」

當他們父子相認的時候，美狄亞已經溜出皇宮，至於她會到哪兒去，那又是另一段可怕的故事。

父子重逢是一樁美事，喜訊立刻傳到雅典城的大街小巷。

百姓並沒有替他開心，因為大家都在咒罵：「國王與兒子相認，我們卻得送孩子給怪物吃，太不公平了。」

原來，克里特島有個殘暴的國王彌諾斯，他的軍隊強，常常派兵攻擊希臘城邦。雅典向彌諾斯求和，答應每九年送七對童男童女去克里特島。

為什麼要童男童女呢？

更早以前，海神波塞頓曾經送給彌諾斯一頭漂亮的公牛，要他殺了牛再獻給海神。

沒想到彌諾斯捨不得再把牛送回去，結果就激怒了海神。海神施法，彌諾斯的妻子竟然發狂的愛上那頭牛，最後生下一個半牛半人的怪物米諾陶。

米諾陶愛吃人，尤其是小男生、小女生。

明明是一頭怪物，彌諾斯卻也不忍心殺了牠，特別聘請偉大的建築師戴達洛斯前來，為他設計一座迷宮，用來囚禁米諾陶。

這座迷宮建築奇特，任何人走進去就再也走不出來了。

雅典進貢來的童男童女，就是獻給米諾陶享用的。

這就是特修斯來到雅典城的情況，大家之所以紛紛咒罵，因為九年一次的進貢時間又到了。

雅典城裡有小孩的人家，個個都要來抽籤。

抽中籤的人，就得送孩子去餵牛頭人。

雅典人埋怨國王，他們一家團圓，卻要派別人的孩子去送死。

特修斯怎麼做呢？

他站到城牆宣布：「我去。」

「孩子，去了是死路一條呀。」

愛琴斯要求他改變主意，特修斯意志堅定。他安慰父親：「我一定會制伏怪物，不讓其他童男童女受到傷害。」

特修斯還和父親約定，等他回來時，如果船上掛著黑帆就表示死了，掛著白帆代表他戰勝牛頭人。

愛琴斯改變不了兒子的意志，心裡再難過，也只能叮嚀他注意安全，一定要平安歸來。

特修斯再次踏上英雄之旅，他和幾名童男童女，搭著船，來到克里特島。

殘暴的彌諾斯故意羞辱他們，硬要他們遊街，讓這群童男童女在克里特人面前走一圈，他和王宮裡的人，就坐在觀眾席裡指指點點。

彌諾斯的女兒雅瑞安妮也坐在上頭，哎呀，當她看見特修斯那英俊非凡的樣子，一顆芳心立即飛到他那裡了。

她愛上特修斯，為了救出意中人，她連夜去找戴達洛斯，要來逃離迷宮的方法。

雅瑞安妮就帶著脫困的法子來到特修斯面前。

她問：「如果我告訴你怎麼離開迷宮，你願意娶我為妻，帶我回雅典嗎？」

特修斯一口就答應了。

雅瑞安妮教他：帶一球線團進迷宮，把線頭綁在迷宮的門上，邊走邊放線，不管走再遠，都能找到出來的路。

特修斯用這方法進入迷宮，找到米諾陶，他向米諾陶挑戰，除掉這可怕的怪獸，再依著線團，把雅典的童男童女帶出迷宮。

終於可以回家了。

來時，心情緊張沉重，回去時，大家都平安，身邊還多了美麗的雅瑞安妮陪伴呢。

海上風浪很大，雅瑞安妮坐不慣船，她臉色蒼白，渾身乏力，或許是諸神不想讓她離開克里特島，船還沒回到雅典，她便去世了。

失去了雅瑞安妮，特修斯很傷心，或許太傷心了，特修斯竟然忘了換掉黑色的船帆。

一艘張掛黑色不吉利船帆的戰船，就這麼駛回雅典城。城上，是日日夜夜等待愛子的國王愛琴斯。

當他從地平線那頭看見那張可怕的黑帆，悲痛與絕望瞬間擊垮他，他大聲呼喊著特修斯的名字，縱身跳入大海。

為了紀念他，人們後來就把這片海域叫做愛琴海。

特修斯的死亡歷險

特修斯繼位為王。

戰鬥時，他是一位大英雄；治理國家，他也很在行。

他當國王之前，人們住在農莊裡。農莊彼此距離遠，受敵人攻擊時毫無反抗能力。特修斯勸大家搬進城裡，團結力量大，雅典城再也無人敢小覷。

他向人民宣布，希望成立一個由人

民組成的政府，大家和平共處。他交出自己的權力，設了議事廳，人民可以集會和投票。在他主政時期，雅典成為世界上最快樂、最繁榮的都市，也是當時世界上唯一的自由之邦，唯一一個由人民自治的國家。

七將攻忒拜時，勝利的忒拜人不讓戰敗國埋葬死者，這些戰敗國紛紛向特修斯和雅典人求助。他們相信崇拜自由的領袖，不會眼睜睜看著無助的死者遭受凌虐。他們的求救獲得特修斯的回應。特修斯親自帶軍打敗忒拜，他們是勝利者，卻展現騎士風範，禁止軍隊入城掠奪，安葬完死者後就帥氣的領軍回雅典了。

對於殺父娶母、受人唾棄的伊底帕斯，特修斯也大方接納，陪伴他，安慰他，伊底帕斯去世後，他保護伊底帕斯的女兒，派人護送她們回家。

海克力斯在瘋狂中殺了妻子與孩子，特修斯也挺他，鼓勵他洗滌自己的罪行，勇敢接受十二項任務的挑戰。

特修斯的名氣大，果然樹大招風，引來另一位英雄庇裡托俄斯的挑釁。庇裡托俄斯故意偷走特修斯的牛，等特修斯追來時，他才停下腳步準備跟他一較高下。

然而，當兩位英雄正準備短兵相接，他們竟然互相欣賞起對方的英勇，不約而同的放下武器，朝著對方跑過去。

庇裡托俄斯伸出手，請特修斯裁決他偷牛的事，特修斯笑著說：「我唯一想做的事，就是和你成為永遠的朋友。」

過了不久，庇裡托俄斯結婚了，邀請特修斯來參加婚禮。

婚禮上，新娘家的親戚全來了，包括幾個人馬。大家吃吃喝喝很開心，然而那些人馬因為喝醉了，竟然打算搶走新娘。

新娘子發出淒厲的叫聲，音樂停了，歡笑沒了，整個宴會現場，全是驚叫哭喊的聲音。

特修斯跳入場中，他沒有武器，但是憑著高強的武藝，打敗人馬，救回新娘，從此，也和庇裡托俄斯建立更堅強的友誼。

回國後，特修斯娶了新妻子。

他的妻子是雅瑞安妮的妹妹淮德拉，長得年輕美麗，恰好跟他的兒子希波呂托斯同年紀。

希波呂托斯的母親是亞馬遜的女戰士，從小在外地被人撫養，一直到成年後才回國。

奇怪的是，他的後母淮德拉竟然愛上他。

愛使人發狂，淮德拉整天煩憂，她的保姆就獻計：「與其痛苦難耐，何不向他說出妳的心事呢？」

淮德拉想想也沒錯，趁著特修斯不在王宮，她鼓起勇氣，向心上人說出心事。

「我們合力推翻你的父王，我嫁給你，從此過著幸福快樂的日子吧！」

「天哪，天哪，這種褻瀆神明的話，竟然出自妳的嘴巴？」希波呂托斯掉頭就跑，發誓若父親沒回來，他絕不再回宮。

宮裡的淮德拉也不好受，她向人傾訴心事，卻當場被拒絕，這種羞愧讓她選擇自殺身亡。

只是，她過世了，卻留下一封可怕的遺書，裡頭寫著：

「希波呂托斯破壞了我的名譽。我無路可走，與其對丈夫不忠，我寧可一死了之。」

特修斯回宮後，他聽到王后過世，整個人都呆掉了；看到遺書，立刻氣到全身發抖。

希波呂托斯也在這時回來了，他看到宮裡亂紛紛的場面，聽到父親的咒罵，他向父親保證：「我的良心是純潔的，我沒有做過任何壞事。」

特修斯把遺書遞給他看。「你的後母，用她的死亡說出真相，你還有什麼話說？」

「能為我作證的人再也無法說話了，我還能說什麼呢？」希波呂托斯流著淚，大叫一聲，飛奔出宮。

宮裡這麼亂，淮德拉的老保姆受不了內心的譴責，終於向特修斯說出真相。

「這……這是真的嗎？我的兒子……」

特修斯急忙命人去追希波呂托斯，然而他派出去的人卻很快回來了。跟他們回來的還有副擔架，上頭是他的兒子希波呂托斯。

原來希波呂托斯心情激動，駕著馬車狂奔，一個不小心，馬車跌落懸崖，雖然被人救回來卻已經奄奄一息，看著滿臉淚流的父親，希波呂托斯留下最後的遺言：「可憐的父親，我原諒你。」

再多的悔恨，也救不回孩子的命，這成了特修斯心裡永遠的痛。傷痛，要靠時間去彌補。

一場冒險也有同樣的效果。

他的好友庇裡托俄斯娶了妻。

結婚沒幾天，新娘竟然死了。

看著庇裡托俄斯悲傷的樣子，特修斯決定幫他再搶個新娘來。

「兄弟，你喜歡誰呢？」

庇裡托俄斯看上的，竟然是冥王的太太波瑟芬妮。

冥王法力無邊，又住在陰森恐怖的地府，特修斯害怕了？

不，他答應了。

這對英雄兄弟天不怕地不怕，真的闖進陰間，打算搶走波瑟芬妮。然而冥王的老婆，豈是凡人能搶？冥王把他們關在地府裡，罰他們坐在椅子上，永遠永遠不能站起來。

地府裡沒有時間的流動，他們只能永恆的等待。

後來，海克力斯為了完成十二項任務，進到地府抓三頭狗，陰錯陽差把特修斯也拉了起來，他才終於離開那張椅子，重返人間。

海克力斯也想拉庇裡托俄斯，冥王卻不肯放手。「連我太太都想搶，這種人，我絕對不寬恕他。」

直到今天，可憐的庇裡托俄斯依舊坐在椅子上，等著時間流逝呢！

英雄歸來

從地府歸來之後，特修斯年紀大了，國內還有人起來背叛他。這群叛徒為了謀取王位，把他騙到懸崖上，趁他不備之際，將一代英雄推下懸崖。

把他推下懸崖的人，繼承了他的王位。

不知感恩的雅典人，不久之後，也遺忘了他。

時間飛逝，幾百年後，雅典人在馬拉松與波斯人作戰，當雅典人節節敗退之際，有人想起了當年的大英雄，他們向天祈願，希望特修斯助他們一臂之力。

神奇的事發生了，特修斯的靈魂從地府歸來，率領人民擊敗入侵的波斯人。

人們懷念他，開始轉述他的種種事蹟，甚至想找回他的遺骸，幫他隆重安葬，可是，他的遺骸在哪兒呢？

尋找遺骸的人組成了一支隊伍，他們出發不久，在一座山坡上發現一隻不斷盤旋的雄鷹。老鷹發現有人來了，立刻像箭一樣直射地面，不斷用爪子刨開一座墳墓的泥土。

他們從那裡挖掘，果然在地裡深處發現一個大棺，棺木旁還有一根鐵棒，一把寶劍。

人們判斷，這就是特修斯的墓，他們把神聖的遺骸抬上戰船，運回雅典。英雄重返雅典的消息，引來全雅典人的歡迎，他們站在道路兩旁，獻花、呼喊，就像特修斯還活著，光榮的回到故鄉一樣。

神話大人物

特修斯　希臘神話中，名氣可說僅次於海克力斯的大英雄，他的冒險故事驚世駭俗，英勇的闖關能力令後人緬懷不已。他除了驍勇善戰之外，也擁有過人的智慧與傑出的治國長才，在他英明的領導之下，雅典有了議會與行政機構，公民也分級管理，一切井然有序。

第3課

巧手戴達洛斯

多學幾樣技藝，走到哪裡都鐵定有飯吃。

戴達洛斯的經歷真是這句話的最佳典範！

然而多才多藝的他，卻因為一雙巧手，

遇上最幸運的事，也遇上最悲慘的事……

雅典的戴達洛斯是一位偉大的建築師、雕刻家和發明家。

他設計的屋子，冬暖夏涼；他發明的器械，前所未有；他雕刻出來的石像，栩栩如生。

雅典的孩子都想跟他學藝，大家都說，如果能向戴達洛斯學來一招半式，出去闖江湖，還怕沒飯吃嗎？

塔洛斯是他的外甥，也來向他學藝。

這個外甥志向高本領好，小小年紀，就發明了製陶器用的轉盤，有了轉盤，做出來的陶器更圓、更美。

塔洛斯還用蛇骨製作鋸子，能輕鬆鋸斷木板。我們現在用的鋸子和圓規都是他發明的。

總而言之，塔洛斯善於動腦筋，人們甚至傳言，他未來會比老師戴達洛斯還厲害。

學生贏過老師，應該是老師畢生最大的驕傲。可惜戴達洛斯善妒，整天擔心學生名氣比他大，錢賺得比他多。嫉妒的火苗在他心裡滋長，終於有一天，戴達洛斯受不了，竟然將自己的外甥塔洛斯推下城牆。

這項罪行，不久就被人發現了，遭人指控，等待判決。要是判決下來，戴達洛斯可能要被處死。怎麼辦？

憂心忡忡的戴達洛斯決定逃跑，渡海來到克里特島。戴達洛斯有一身好才藝，這裡的國王彌諾斯欣賞他，賜他房子，請他幫忙設計宮殿。

在克里特島，有個半牛半人的怪物米諾陶，彌諾斯國王請他給米諾陶建一棟屋子。

彌諾斯只有一個要求，他要建個有史以來最大的迷宮，進去的人，永遠都出不來。

「沒問題的，只是蓋一棟迷宮嘛！」

戴達洛斯很用心的設計，自己監工，等到迷宮完成，他自已進去查看，哎呀，迷宮太繁複，連他都差點兒找不到出來的路。

彌諾斯國王很滿意，把牛頭妖米諾陶闗進去，這下子，怪物再也出不來了。

在克里特島待著，雖然很受重視，但是，戴達洛斯患了嚴重的思鄉病，他一發作，恨不得立刻回去家鄉。

這麼好的人才，國王可不想讓他回去，派人把船看得緊緊的。「除非你長出翅膀。」

國王的話，給了戴達洛斯靈感。

他收集各種鳥類羽毛，用痲線和黃蠟將羽毛固定成為翅膀。

戴達洛斯工作時，他的兒子伊卡洛斯在一旁幫忙。翅膀做好了，戴達洛斯把翅膀綁在身上試了試，咦，真的耶，他拍拍翅膀就飛上空中，轉了一圈，輕巧的落下來。

兒子在一旁歡呼：「父親，我也能飛上天嗎？」

戴達洛斯慈愛的拍拍他的頭。「當然，你還要幫忙喔。」

他們父子又造了第二對翅膀，戴達洛斯教兒子如何操縱羽翼，還叮嚀他：「別飛太低，浪花會濺溼你的翅膀；別飛太高，靠近太陽羽毛會著火。」

「父親，我知道，我記得了。」他兒子躍躍欲試，恨不得馬上升空。

再也沒有人能擋住他們父子了。他們揮動翅膀，迎著涼風，展開空中之旅。

父親飛在前面，他像隻老鳥，帶著初次離巢的雛鳥飛行，不時回過頭來指導兒子。

底下是波濤萬頃的大海，前方偶爾出現小島，一切是那麼順利，島上的孩子似乎真的把他們當成了鳥兒，追著他們跑。

飛著飛著，伊卡洛斯越來越熟練，飛著飛著，他左翻翻右轉轉，這年輕的孩子覺得飛行太容易了，於是，他驕傲的飛向高空。

高空中，陽光更加強烈，很快就融化了伊卡洛斯羽翼上的蠟油，羽毛一根根鬆動脫落。在伊卡洛斯發現之前，他的翅膀早已散掉，最後只能用兩手在空中揮動。

可惜，他不是鳥，他的手更不是翅膀，最後他落入汪洋大海，被滾滾波濤淹沒。

這一切發生得很突然，瞬間便結束了。等戴達洛斯再次回頭，已經找不到兒子

的蹤影。

「伊卡洛斯，伊卡洛斯！」

戴達洛斯在空中喊著，叫著，他找了一圈又一圈，直到他見到海上漂浮的羽毛。戴達洛斯連忙降落在一座島上，張大眼睛，滿懷希望的尋找著。

不久，洶湧的海浪把他兒子的屍體推上岸，絕望的父親傷心的掩埋了兒子的屍體。為了紀念他的兒子，埋葬伊卡洛斯的海島從此叫做伊卡利亞。

戴達洛斯懷著悲痛繼續飛行。

這回，他飛向科卡羅斯國王統治的西西里島。

科卡羅斯國王也很重用他，不但盛情接待，還邀他替這國家效力。

戴達洛斯幫西西里島造了人工湖，再引湖水灌溉農田。

他幫國王建宮殿。宮殿建在陡峭山巒上，只有一條小路能抵達，如此一來，不需要太多人手就能守城。國王便能安心的把自己的珍寶藏入城裡。

巧手的戴達洛斯還挖了地洞，引地

下的熱氣取暖，於是，即使是最寒冷的冬天，這裡依然溫暖如春。

克里特島的國王彌諾斯聽說戴達洛斯逃到了西西里島，便憤怒的帶軍攻向西西里島，命令科卡羅斯國王交出戴達洛斯。

科卡羅斯假裝答應，還邀請彌諾斯來島上談談。

彌諾斯來了，科卡羅斯擺出盛宴歡迎他，還為他準備了溫水，讓他消除旅途疲累。

彌諾斯大搖大擺的坐進浴缸，傲慢的喚人給他添柴加火。

「當然當然。」科卡羅斯恭順的猶如他的僕人，柴火不斷的加，溫度不斷的往上升。

「夠了，夠了。」彌諾斯大叫受不了。

然而，那火還是無情往上冒，直到彌諾斯燙死在浴缸裡。

科卡羅斯國王最後把彌諾斯的屍體交給克里特人，說他洗澡時失足跌入沸水池裡而死。

從此，戴達洛斯就在西西里島度過餘生，受到當地人的敬重和禮遇。然而他始終忘不了兒子慘死海中的悲慘記憶，晚年非常憂鬱。

戴達洛斯　希臘神話中，戴達洛斯以精湛手藝聞名，擅長建築、雕刻，也有研發的金頭腦。傳說他早年曾受雅典娜的指點，才能刻出栩栩如生的雕像，有人說他是當時最偉大的藝術家，你也可以說他是「古希臘的達文西」吧！由於他晚年定居西西里，對當地的藝術文化有重要的影響。他的名字在後來的西方文化中，經常象徵著「靈巧的技術」、「成熟的藝術家技藝」。

第4課

最悲慘的伊底帕斯

常聽到的「伊底帕斯情結」原來出自於一個人的名字？
據說他的故事是史上最偉大的一齣悲劇傑作？
死亡和命運，哪一個比較殘酷呢？

可怕的神諭

這一天，阿波羅神殿來了兩位貴客，那是來自底比斯的國王雷厄斯和王后依奧卡絲達。

他們向阿波羅請示：「我們結婚那麼久了，什麼時候才會有自己的孩子？」阿波羅的女祭司警告他們：「神諭顯示，你們不能有小孩。如果你們有了孩子，他將來會殺父親、娶母親。」

啊！一個弒父娶母的孩子，真是太可怕了。

國王和王后憂心忡忡的回到底比斯，然而，王后竟然有了身孕，十個月後，生下一個兒子來。

雷厄斯國王記得神諭：不能有孩子，因為他長大會弒父娶母，這孩子不祥呀！怎麼辦呢？

雷厄斯國王命令一位僕人，把剛出生的小王子抱到山裡丟掉。

更殘忍的是，他怕孩子逃回來（一個嬰兒怎麼逃呢），還命人先挑斷嬰兒的腳筋。

可憐的孩子本來必死無疑，幸好，有位來自科林斯的牧羊人發現他，帶他回家鄉。

科林斯的國王和王后也沒有孩子。他們收養了這孩子，並為他取名伊底帕斯。

伊底帕斯活潑可愛，學什麼像什麼，他漸漸長大了，允文允武，受到全國百姓的喜愛。

有一天，宮裡舉行宴會，一個客人喝醉了，衝著他大吼大叫：「你又不是國王的親生兒子，有什麼資格在這裡呢？」

疑惑的伊底帕斯質問王后，王后支支吾吾答不出來。

伊底帕斯得不到答案，他自己跑去阿波羅神殿。

女祭司告訴他神諭的內容。「你必須離開你的父親，否則，你將會殺死他，還會娶你的母親為妻。」

伊底帕斯嚇壞了，他想逃避德爾菲神諭。

如何讓神諭不發生？最簡單的方法就是離開父母越遠越好，只要離他們越遠，他就不可能會殺掉父親又娶了母親嘛！

真是一個乖孩子，他離開故鄉，選擇流浪。

史芬克斯的謎語

有一天，他經過一個路口，遇到了一輛馬車，車邊有幾個侍衛，侍衛們對他大聲斥責，要他讓路，馬車上的人還用手杖打他。

伊底帕斯是科林斯的王子，一輩子尊貴慣了，豈能忍受這種屈辱，他便和這些人打了起來。伊底帕斯武藝很好，以一敵多也不怕，他打敗了所有的人，連馬車上的乘客也被他殺死了。

再往前走就是底比斯城了。

不得了的是，底比斯城外出現一頭怪獸，名叫史芬克斯，牠的身體像獅子，背上有翅膀，卻擁有一張女人的臉。牠蹲伏在路中間，遇到要去底比斯的旅客，牠就逼著旅客猜謎。

答對了，恭喜，可以通行。

答錯了，喔喔，史芬克斯就把那人當成餐點吃。

慘的是，目前沒人猜出牠的謎語，所以，所有旅客全成了史芬克斯的點心。

這會兒，底比斯成了一座圍城，七座城門緊緊關上，不久，城裡開始鬧飢荒。

伊底帕斯來時，底比斯人心惶惶，伊底帕斯無家無友，決定去會一會史芬克斯。

史芬克斯幾天沒吃人了，這沒辦法，因為沒人敢經過這裡了嘛！

牠看到伊底帕斯，開心的舔舔嘴唇，說：「什麼動物早上是四隻腳走路，中午用兩隻腳，到了晚上又變成了三隻腳？」

伊底帕斯正在苦思的時候，史芬克斯嘲笑他：「想不出來了吧！想不出來了吧！我可以吃掉你了吧？」

「別急，」伊底帕斯說：「答案是人類，因為人生可以分成三個階段，小時候我們用雙手雙腳爬行，長大後我們用兩隻腳走路，等到年紀大了，走不動了，就得握著枴杖，就像用三隻腳在走路嗎？」

「你……你……」史芬克斯聽了他的話，嚇得往後一倒，咕咚咕咚，竟然跌落山谷，摔死了。

底比斯的人們感謝伊底帕斯，不但推舉他為王，他還娶了前任國王的妻子依奧卡絲達為妻，生了兩個兒子，過了很多年幸福快樂的日子。

可怕的真相

伊底帕斯的兒子們長大了，這一年，底比斯發生嚴重的瘟疫，所有的作物都枯死了，人們互相傳染疾病，個個奄奄一息，田園果園或牲畜也都得了病。逃過瘟疫的人，還要面對飢荒。

伊底帕斯很難過，百姓們的哀嚎他都聽到了，他是國王，他得負責，怎麼辦？國王派人去德爾菲神殿，向阿波羅求助。

使者帶回來好消息：「瘟疫可以免除，飢荒會過去，只要抓到殺死前國王的凶手，就能趕走這場災難。」

伊底帕斯鬆了一口氣，抓凶手比對抗天災容易，他找到底比斯的先知，那是一位受人敬重的盲人。「先知，如果你知道誰是凶……」

「笨蛋。」先知打斷他的話，「都是一群笨蛋。」先知說到這兒，閉起嘴巴，無論伊底帕斯怎麼求他，他就是不願透露凶手的名字。

「難道，你和凶手是一夥的？」伊底帕斯不由得懷疑起來。

先知被他的話激怒了，一不小心說出他不該說的話：「不，你……你才是那個凶手呀！」

「你糊塗了嗎？我怎麼會是凶手呀？」伊底帕斯氣壞了，命人把他趕出去，要老人永遠別出現在他面前。

回到宮裡，伊底帕斯還是很生氣，王后依奧卡絲達聽了也覺得太不可思議了。

「這些什麼先知，什麼神諭，總是信口開河，沒半個是準的。」她說起當年去德爾菲神殿，女祭司也說先王會死在自己兒子的手中，但她與先王早早就殺了兒子，確保了神諭預言的事不會發生。

王后氣憤的說：「結果呢？他是被一群強盜殺的。」

「在哪兒？」

「在通往德爾菲的三叉路口呀。」

伊底帕斯心裡突然一緊，他急忙問：「那是什麼時候的事了？」

「啊……那時，城裡正被人面獅身獸鬧得雞飛狗跳的，別擔心，那時你還沒來呢。」

伊底帕斯聽著聽著，心裡有不祥的預兆：「以前的國王帶了幾個人出門？」

「五個，只有一個人活著回來。」

「我要看看那個人。」

「我去找他來，但是，為什麼呢？」

「來這裡之前，我去了德爾菲，因為有人說我不是科林斯國王的兒子，所以我去問神，但是神諭說我是個會弒父娶母的人，我聽了很害怕，立刻離開科林斯，卻在三叉路口遇到一個男人，他帶了四個隨從，他不但逼我讓路，還用手杖不斷打我，我氣壞了，就把他們殺了，那個帶頭的人，會不會就是前國王，也就是妳的前夫？」

依奧卡絲達說：「回來的車伕說，他們遇到的是一群強盜，國王是被強盜殺的，不是他兒子，他兒子早就死在山裡了。」

他們正說話時，科林斯派來的使者也到了，他帶來一則讓人心痛卻又放心的消息：科林斯國王去世了。

依奧卡絲達朝著空中說：「預言的神哪，您在哪兒呢？科林斯國王去世了，他不是死在自己兒子手裡呀？」

那使者露出恍然大悟的表情說：「王子，您擔心自己殺了父親嗎？王子呀，您錯了，您根本不必擔心，因為科林斯國王並不是您的父親，當年是我在山裡撿了您，是我把您送給他扶養的。」

原來，使者就是當年的牧羊人。

伊底帕斯渾身發抖。「你在哪裡找到我的？我的父母呢？」

「我不認識他們，那年，是一個牧羊人把你送給我……聽說他是底比斯國王的僕人。」

依奧卡絲達聽得臉色發白，急忙要他住嘴。

「不，你繼續說，這是我的身世。」伊底帕斯大叫。

「你們繼續談，我……」依奧卡絲達慌亂的跑進王宮。

他們談話時，恰好來了個老僕人，他和使者互看了一下，使者高叫：「王子呀，就是他，當年是他把您交給我。」

老僕人喃喃自語的說：「別說了，別說了……」

伊底帕斯越聽越生氣，扯著他的領子：「說，快告訴我，不然，我有一百種方法讓你開口。」

老人哀叫著：「對，我是給他一個小孩，看在神的分上，國王，您別再問了。」

伊底帕斯拿出刀來。「告訴我！你快告訴我，你在哪裡撿到的孩子？」

老人哭叫著：「去問王后吧，她知道的更清楚……」

伊底帕斯追問：「小孩是她給你的？」

「因為預言說……」

「預言！」伊底帕斯打斷他的話，「難道……預言說他會弒父娶母？」

「是呀，是呀！」老人坐在地上，傷心的哭了起來。

伊底帕斯發出痛苦的叫聲，他明白一切了。「都是真的，一切都是真的，我將

由天堂墜入地獄，白日變成永恆的黑夜，天哪！」他殺了父親，還娶了母親，他沒救了，他的妻子和孩子也都沒救了。

伊底帕斯走進王宮找他的妻子，或該說是他的母親。但她已經死了，一發現真相，依奧卡絲達就自殺死了。

伊底帕斯站在妻子旁邊，但是他沒有取走自己的性命，而是取走自己的光明，他把雙眼挖出來，他要用黑暗代替光明，對他來說，盲眼的黑暗世界是個庇護所，與其用羞愧的雙眼看著光明的舊世界，他寧可餘生留在永遠的黑暗裡。

神話大人物

伊底帕斯　希臘神話中最讓人心碎的一個人物。古希臘哲學家亞里士多德更曾讚嘆這個故事為「自古至今最偉大的一齣悲劇」，因為他雖然勇敢面對被史芬克斯吃下肚的危機，解開最難的謎題，卻終其一生破解不了自己身上的悲慘預言。知名心理學家佛洛伊德用他的名字指稱戀母情結，也就是我們常聽到的「伊底帕斯情結」。

第 5 課

七人英雄的忒拜城之戰

人間最大悲劇莫過於血親相殘、手足成仇了。「七將攻忒拜」的故事有驚心動魄的武打場面，連宙斯也忍不住插手管呢！

公主嫁野豬

亞各斯國王阿德拉斯托斯有兩個美麗的女兒。國王曾接到一個奇怪的神諭，內容是他將來會把公主許配給獅子和野豬。

「不可能，我絕不會讓女兒嫁給野獸。」國王想趕快嫁掉女兒，讓怪怪的神諭失去效用。

有一天，王宮門口傳來打鬥聲，打開大門一看，外頭有兩個逃難的人，一個是波呂尼刻斯王子，他爭不到王位，被自己的兄弟逐出忒拜城；另一個是卡呂冬的堤丟斯，他在圍獵時不小心殺害了親戚，只好逃出國。

天色昏暗，兩人誤以為對方是敵人，才大打出手。國王命令他們住手，在火把

照耀下，他發現兩位英雄高大英挺，波呂尼刻斯的盾牌上畫著獅子，堤丟斯的盾牌上刻著野豬。

國王終於明白神諭真正的意思，不但把女兒嫁給他們，還答應幫他們復國。

安菲阿拉俄斯

想復國要組遠征軍，國王心目中的人選一共有七位，除了他自己，再加上波呂尼刻斯、堤丟斯和預言家安菲阿拉俄斯等人。一共是七位英雄。

安菲阿拉俄斯擁有未卜先知的本領，他預感這場征戰必敗，勸國王放棄遠征。

「那怎麼行呢！一定得去。」國王不答應。

安菲阿拉俄斯不想命喪在這場必敗的征戰，於是躲起來了。

他躲得很小心，沒人找得到他。

打仗不能少了預言家，他像大軍的眼睛一樣，少了他，怎麼打呀？

波呂尼刻斯很聰明，他帶禮物去找安菲阿拉俄斯的太太。

「這條項鍊是愛芙羅黛蒂送的。」波呂尼刻斯的項鍊閃動著耀人的光芒，那是人間找不到的神品。

珠寶的光輝，讓安菲阿拉俄斯太太的眼睛都快睜不開了。

「妳先生在哪裡呢？只要妳告訴我……」

項鍊讓安菲阿拉俄斯的太太失去理智，她毫不猶豫的指出丈夫躲藏的地點，只為了拿到那條項鍊。

安菲阿拉俄斯只好佩上武器去報到。

出發前，他叮嚀自己的兒子：「如果你聽到我死去的消息，一定要為我復仇。」

七位英雄到齊，終於可以出征了。

不祥的預兆

然而，不祥的預兆一路緊跟著他們。大軍經過的每個地方，不管是湖泊還是溪流，全都乾涸了。

士兵們得忍受炎熱之苦，盔甲、盾牌都成了沉重的累贅。

塵土落在士兵焦乾的嘴唇上，馬兒的嘴邊也泛著層層涎沫。

國王阿德拉斯托斯帶大家進森林找水，他們在路上遇到一位抱著嬰兒的女人，她的衣著雖然襤褸，可是氣質高尚。

大家以為遇到了森林女神，連忙向她跪下，請求她指點迷津。

「外鄉人，我叫許珀茵柏勒，」女人說：「我原本是亞馬遜人的女王，因為被海盜挾持，現在成了尼密阿國王的奴隸，幫國王照看這孩子。」

阿德拉斯托斯問：「我們大軍一路前來，飽受缺水之苦。森林裡有水源嗎？」

「這裡有一處泉水，水量豐富甜美，足夠你們解渴！」

許珀茵柏勒等孩子熟睡，將他放在草地上，帶他們前去找水。

她帶著大軍穿過密林，來到怪石嶙峋的峽谷，遠征的英雄遠遠就聽見泉水嘩啦啦的聲響。

「有水了！」

「有水了！有水了！」

士兵們歡呼雀躍，大家奔向水池，高興的喝水，連馬匹也浸泡在泉水裡，大家從乾渴中解脫，終於恢復了精神。

回去時，卻發生了慘事。

放在草地上的孩子不見了，一條大蛇盤繞在不遠的樹上，蛇頭就擱在鼓鼓的肚子上。

「天哪！我的孩子！」許珀茵柏勒大叫。

英雄們先朝著蛇丟石頭，那條蛇的鱗片很厚，石頭奈何不了牠。

國王的兄弟希波邁冬有神力，他投出長矛，射進巨蛇嘴裡，矛尖從蛇頭上穿越而出，終於殺掉可怕的巨蛇。

「這又是一個危險的預兆。」安菲阿拉俄斯很擔心。

「怎麼會呢？我們戰勝巨蛇，絕對是勝利的前兆，你別瞎擔心了。」其他英雄嘲笑安菲阿拉俄斯，說他的預言一定失靈。

忒拜城之戰

解了渴的士兵，精神振奮，他們日夜兼程，很快來到忒拜城下。

大軍沿著河岸紮營，盔甲和武器的反光，幾乎比太陽還要亮。

阿德拉斯托斯分派任務，七位英雄恰好攻打忒拜城的七個城門，他們的步兵和騎兵擠在城門口，把忒拜城圍得嚴嚴實實，連老鼠都別想跑出去。

忒拜城裡也有個預言家，名叫提瑞西阿斯。

提瑞西阿斯年輕時，曾經冒犯女神雅典娜。女神發怒降災給他，弄瞎了他的雙

眼。提瑞西阿斯的母親求女神開恩，希望讓他重見光明，雅典娜不願意，但另外賜給他一個神奇的能力，從此，提瑞西阿斯聽得懂鳥兒的語言。

從那時起，他便成了占卜者，只是，七將攻打忒拜城時，他的年紀已經很大了。

國王要他預言這回大戰的結局。

提瑞西阿斯悲傷的說：「自從國王您收留伊底帕斯的兒子後，這座城便背負了沉重的罪孽，想解救它，只有一個辦法。但是，那方法太可怕，不能說。」

提瑞西阿斯轉頭要走，國王克瑞翁再三求他，他才勉強說：「國王呀，幸福女神會降臨忒拜城的，可是龍牙種子中最小的一顆必須死亡。唯有如此，你們才能得到勝利！」

克瑞翁問：「龍牙種子中最小的一顆？那是什麼意思呀？」

「最小的王子必須為這座城獻出生

命……」

國王氣極敗壞的說：「你要我兒子犧牲？你滾！我不需要你的預言！」

「難道否認事實，事實就不會成真嗎？」提瑞西阿斯嚴肅的反問。

「這……」克瑞翁抱著提瑞西阿斯的雙膝，請求他收回那個可怕的預言。

「國王，犧牲無法避免，」提瑞西阿斯說：「狄爾刻泉水曾是毒龍棲息的地方，那兒必須流著這孩子的血，您的孩子會成為忒拜城的救星。」

望著提瑞西阿斯的背影，克瑞翁把小兒子墨諾扣斯叫來：「孩子，我不能讓你犧牲，你快逃，逃進神廟，讓天神保護你！」

「父親，我知道了，」墨諾扣斯看著父親說：「我一定不會迷路的。」

克瑞翁放心了，他出門去集合軍隊，帶領大家對抗阿德拉斯托斯的大軍。

小王子看著父親走了，流著淚跪在地上禱告：「天上的神，請原諒我用謊話安慰父親，我願意用我的血來解救祖國的災難。」

墨諾扣斯爬到城牆上，抽出短劍，割斷喉嚨，不偏不倚，正好倒在狄爾刻泉水邊。

大戰正式登場。號角響起，殺聲震天。

阿德拉斯托斯的軍隊攻向忒拜的七座城門，他們遭到忒拜人的頑強抵擊。

堤丟斯和波呂尼刻斯大聲命令：「步兵、騎兵、戰車一起向城門猛攻啊！」命令傳遍整個部隊。

亞各斯人氣勢洶洶，可是忒拜人也不退縮，他們投下石塊，射下羽箭，擲出長矛，把亞各斯士兵擊退又擊退，城下血流成河，倒下無數的士兵。

這時，亞各斯的帕耳忒諾派俄斯像旋風般衝向城門。他大聲呼喊著，要用火和斧子砸毀城門。

忒拜城裡的守城官命人打開防護鐵門，那裡只容得下一輛戰車進出，帕耳忒諾派俄斯衝在最前面，被守城官用鐵錘砸死在城下。

另一座城門前，堤丟斯暴怒得像惡龍。他揮舞著盾牌，發出嗖嗖的聲音，一雙手向城上投擲標槍，他帶領的士兵也把標槍朝城上擲去，標槍如雨下，忒拜人不得不從城牆邊後退。

最危急的時候，厄忒俄克勒斯趕來了，他是波呂尼刻斯的哥哥，就是因為他考量王位繼承問題而趕走波呂尼刻斯，才發生這場大戰。

厄忒俄克勒斯身先士卒，鼓舞士兵帶領他們重回城牆，加強各個城門的守護，這才把快要退散的防線重新組織起來。

底下的亞各斯人在卡帕紐斯帶領下，又攻回城。卡帕紐斯擁有巨大的力量和高大的身材，是亞各斯最遠近馳名的戰士。他扛來一架雲梯，大叫：「兄弟們，跟我攻上去，就算是宙斯的閃電也不能阻止我們。」

卡帕紐斯架好雲梯，以盾牌擋住城上投下的石塊，勇猛的向上攀登。

遠方高空，雲層裡傳來隆隆雷響。

那是宙斯。

宙斯聽了他的話，決定親自懲罰他。

當卡帕紐斯從雲梯跳進城牆，宙斯以一個響雷劈了他，雷聲震得大地動搖，卡帕紐斯四肢飛散。

阿德拉斯托斯國王害怕了。

「這是宙斯反對我們攻城的預兆。」

他下令撤退，士兵跟著他離開戰壕。

忒拜人趁機從城裡衝出來，打得亞各斯人潰不成軍。

亞各斯人好不容易才重整旗鼓，當他們準備好再次進攻時，這時，忒拜城牆上有人在喊話。

兄弟倆的最後決鬥

喊話的是厄忒俄克勒斯。

「亞各斯的士兵們，還有忒拜的朋友，你們不必為我和我弟弟波呂尼刻斯犧牲生命！讓我和我弟弟單獨對陣。誰勝了，誰就擁有國王的權杖。」

「我接受挑戰。」波呂尼刻斯在城下喊著。

一時間，城上城下響起歡呼聲。

用這種方法結束戰爭，真是太好了！

雙方士兵歡聲雷動，大家都贊成。

決戰前，雙方的占卜家都忙著向眾神請示，希望從祭祀的火焰中看出戰鬥的結局。只是，得到的預兆都很模糊，雙方好像都是勝利者，又好像都是失敗者。

號角吹響，兄弟倆展開殘酷的血戰。他們把長矛刺向對方，拿著盾牌擋住對方的進攻，鏗鏘聲音不斷。

打到最激烈的時刻，哥哥厄忒俄克勒斯差點被石頭絆倒，他想踢開石頭，右腳暴露在盾牌外，弟弟波呂尼刻斯抓住機會，以長矛刺中他的腳。

亞各斯的士兵們高聲歡呼，大家都以為分出勝負了。

沒想到，受傷的厄忒俄克勒斯忍住疼痛，趁對方忙著慶祝時，擲出長矛，那一刺，當場刺中弟弟的肩膀，他又退後一步，拾起地上的石頭丟過去，砸斷了弟弟的長矛。

厄忒俄克勒斯趁弟弟手中沒武器，把長矛刺去。弟弟波呂尼刻斯在地上一滾，抽出寶劍，這才架住對方的長矛。

尼忒俄克勒斯有絕招。他往後退，用受傷的右腳支撐身子，左腳猛然跳上去，用長矛刺中波呂尼刻斯的腹部。

這一刺，波呂尼刻斯果然受了重傷，倒在地上，血流如注，四周響起亞各斯人的嘆息，城上忒拜人卻開心的歡呼。

厄忒俄克勒斯以為勝利在望，彎下身想取走弟弟的武器。看起來奄奄一息的波呂尼刻斯趁此機會，使出僅剩的力量，用力一刺，那把劍刺進厄忒俄克勒斯

的身體，於是，兩兄弟的靈魂便同時飛向了地府。

忒拜城的城門大開，城裡的人全衝出來，圍著國王的屍體放聲大哭。

這場戰爭算誰勝利呢？

兩方開始爭吵，亞各斯人認為波呂尼刻斯先獲勝，放下武器只管吵架。

忒拜人可是一丁點兒也不敢鬆懈，武器牢牢在手，他們知道吵不過亞各斯人，那就打吧！結果，忒拜人衝來時，亞各斯人來不及拿武器，只能四散逃竄，成百上千的士兵全死在忒拜人的長矛下。

預言家安菲阿拉俄斯被追到河邊，河水高漲，馬車過不了河。

宙斯不願讓預言家恥辱的死去，他用雷劈開大地，這名偉大的預言家就連人帶車讓大地給吞沒了。

忒拜人打了一場大勝利，來襲者全被打退，希波邁冬和堤丟斯更已陣亡。忒拜人得意極了，滿載著戰利品凱旋回城。

克瑞翁

克瑞翁成了新國王，他下令，厚葬厄忒俄克勒斯。

至於波呂尼刻斯，克瑞翁不讓他埋葬，留在城外，任憑烏鴉和野獸啄食。「誰也不准去埋他。」

當年，這樣的懲罰是對死者極大的不敬。

波呂尼刻斯有個妹妹安蒂岡妮，已經和克瑞翁的兒子訂了親。她不忍看哥哥曝屍荒野，悄悄拿了一壺土倒在哥哥的屍體上。

國王克瑞翁聽到消息，勃然大怒。他命令士兵立即掃去屍體上面的泥土，設立崗哨，日夜嚴加看守。

那天中午，颳起一陣暴風，安蒂岡妮又拎來裝滿泥土的大壺，她悄悄向屍體傾灑了三次泥土。看守的士兵抓住她，帶她去見國王。

克瑞翁很生氣。「妳沒聽到我的命令嗎？不怕我殺了妳？」

「我尊敬哥哥，這是做妹妹的首要義務。」安蒂岡妮毫不畏懼。

克瑞翁更憤怒了，他派人把安蒂岡妮關進石洞，要讓她在裡頭活活的餓死。

預言家提瑞西阿斯求見克瑞翁，因為他聽到鳥兒吱吱喳喳的議論，說神壇上的祭品冒出了晦氣。「眾神正在對我們發怒，國王，你不能再固執了！糟蹋死者，不能為這座城帶來光榮呀！」

國王克瑞翁罵提瑞西阿斯胡言亂語，派人把他趕出去。

預言家被人架出去時，喊著：「國王，你不讓死者魂歸地府，也不讓生者留在世上，太陽下山前，你會為了這雙重罪孽再失去兩個親人哪！」

聽了他的話，克瑞翁突然感到一陣恐懼，急忙召集長老商議。

「釋放安蒂岡妮，埋葬波呂尼刻斯。」長老們異口同聲的說。

國王勉強同意大家的意見，先派人埋葬波呂尼刻斯，再率領眾人，親自前去釋放安蒂岡妮。

只是，他還沒走到石洞，倒先聽到一陣哭聲，那是他兒子。

「死了，死了，安蒂岡妮死了。」他兒子在石洞外，抱著安蒂岡妮痛哭。

克瑞翁喊著：「孩子，到父親的身邊來吧，你別再傷心了……」

「不……不……」他兒子把劍刺進自己的心口。

慘事還沒完，王子自殺身亡的消息傳回王宮，王后傷痛過度，也自殺了。

只因為不讓死者安息，便喪失自己兩位親人，克瑞翁從此陷入深深的自責裡，直到永遠、永遠……

神話小知識

七將攻忒拜　古希臘知名的悲劇故事，從王權爭奪，到血流成河，最後演變為厄忒俄克勒斯和波呂尼刻斯兄弟倆自相殘殺、共赴黃泉的悲慘結局。故事情節反映了古希臘人的復仇性格與政治制度，也探討了他們對命運的看法。這個故事代代流傳，後代的文學作品與戲劇也經常改編，不斷重新詮釋這個故事。

第6課

一顆蘋果引發的特洛伊戰爭

蘋果香甜好吃，紅潤可愛，怎麼可能引發大戰？什麼？這場大戰打了好久？許多英雄天神都牽涉其中？

到底，這場史上聞名的特洛伊戰爭是怎麼開始的？

一顆金蘋果

搗蛋女神艾莉絲不受歡迎，想想也是，誰會喜歡一個搗蛋鬼呢？珀琉斯與女海神特提斯的婚宴是奧林匹斯的大事，眾神幾乎都接到了邀請。猜猜誰沒收到喜帖？

沒錯！搗蛋女神艾莉絲沒有。

艾莉絲很生氣。「你們不邀請我，我也不讓你們好過。」

她送了一顆金蘋果到會場，上頭刻著：獻給最美的神。

看到金蘋果，婚禮亂成一鍋粥，奧林匹斯眾女神都想拿到那顆金蘋果。婚禮不重要了，改成選美淘汰賽。最後，只剩三大美女難分高下。

這三位是：愛芙羅黛蒂、赫拉、雅典娜。

女神請宙斯當裁判。宙斯很為難，不管讓誰拿第一，都會得罪另外兩位女神。

他把這件事推給愚蠢的特洛伊王子帕里斯，說他有獨特的審美觀，找他絕沒錯。

三位美豔的女神，同時現身在帕里斯面前，個個提出誘人的條件，希望他說出自己是天下最美麗的神。

赫拉賄賂他，答應讓他統治歐洲和亞洲。

雅典娜的條件很誘人，她願意讓帕里斯當大元帥，統軍踏平希臘諸邦。

愛芙羅黛蒂決定送他世上最漂亮的女子與他相伴，過著永遠幸福快樂的日子。

帕里斯不愛權勢愛美人，最後，是愛芙羅黛蒂得意洋洋的拿到了金蘋果。

當時大家公認，世界上最美的女人是海倫。她是宙斯的凡間子女之一。

海倫有多美呢？

哦，她還沒結婚前，希臘的所有王子都愛她愛到發狂，他們立志，這輩子一定要娶到她。

求婚者眾，女兒卻只有一個，她的養父廷達瑞國王誰也惹不起，他遲遲不敢公布女婿人選，可是王子們逼著他，他只好把大家找來發誓：

「不管海倫嫁給誰，如果有人危害到她的婚姻，你們都要聯合來保護她。」

海倫還沒做出最後決定，所以，人人都有機會，個個都展現非凡的騎士精神。

「當然。」

「就該這麼做。」

「沒有海倫，我當乾哥哥也可以。」

求婚的王子們承諾遵守這個條件。

噹噹噹噹，廷達瑞國王終於宣布：阿格門儂的弟弟梅奈勞斯是他的女婿，並且立他為斯巴達國王。

所以，當帕里斯王子選擇了美嬌娘，海倫卻已經嫁給了梅奈勞斯。

帕里斯王子是有毅力的王子，他直奔斯巴達。

梅奈勞斯是主人，他和海倫熱情的招待王子。對了，梅奈勞斯這主人真不錯，不但熱情，還很放心，讓客人帕里斯住在王宮，自己去克里特島辦事。

梅奈勞斯一去好多天，等他回來時，他那天下第一的美女太太，竟然被帕里斯拐跑了。

這客人太過分了。

梅奈勞斯召集希臘諸邦的王子們：當年大家訂了約，要一起保護海倫。

「你們說，怎麼辦？」梅奈勞斯問。

「為了海倫，該打一仗。」王子們都很開心，他們盼望踏平特洛伊，能趁機分一點兒好處。

就這樣，一場大戰即將開打。

下達召集令，緊追兩名逃兵

戰雲密布，戰鼓頻催，但是召集令下達時，兩個人沒來。

一個是伊薩卡國的國王奧德修斯。

另一個是珀琉斯和女海神特提斯的兒子阿基里斯。

奧德修斯在家裡，他不想為一個背叛丈夫的女人上戰場。

可是召集令都下了，怎麼辦呀？

當使者來時，聰明的奧德修斯假裝在播種，不過，他播的是鹽巴，不是種子，這……這真是個瘋子，鹽巴怎麼種呢？

這是奧德修斯的計謀，他裝瘋賣傻，想躲過召集令。

使者不笨，他故意把奧德修斯的兒子放在田裡，奧德修斯耕田播種時碰到自己的兒子，他竟把牛車偏到一邊，繞了過去，這才沒把孩子種進土裡。

既然懂得救孩子，那就表示他沒瘋，奧德修斯雖然有一千個一萬個不願意，還是得乖乖去報到。

希臘第一戰神阿基里斯則被他母親藏了起來。

阿基里斯的母親特提斯是海上仙女，她得到一個神諭：阿基里斯如果上戰場，無法活著回來。

「怎麼辦呢？」

召集令都下了，心急如焚的特提斯想了個法子，她把阿基里斯扮成侍女，藏在王宮裡。

來找他的人是奧德修斯。

奧德修斯裝瘋騙不成使者，只好來找人。

奧德修斯喬裝成商人，帶了飾品和武器進宮去販賣。這回他騙得過大家嗎？

飾品亮晶晶，好漂亮，真正的侍女受不了誘惑，全來挑飾品。戒指也好，手鍊也好，個個笑得好開心。

有個侍女卻只盯著寶刀瞧，她還拿刀起來比劃比劃。聰明的奧德修斯伸手拉住侍女，說：「阿基里斯，走吧，咱們去打特洛伊。」

扮成女生也躲不了，阿基里斯只好不再反抗，跟著去打仗了。

這會兒，全員到齊，該出發囉。

只是，一千艘戰艦出不了港口，都怪北風太強烈，颳得海上起巨浪。

翻天大浪，再好的划船手也划不出海。

他們向諸神祈求，祭司轉達神諭：「若要風停，先祭女童給風神。」

神諭指定的女童，正是統帥阿格門儂的長女伊菲吉妮亞公主。

怎麼辦？

阿格門儂雖然不捨，還是派人把伊菲吉妮亞公主帶來，說是要讓她嫁給阿基里斯。

阿基里斯是希臘最偉大的戰士，體格好，長相帥，而且武藝高強。伊菲吉妮亞滿心歡喜，王宮裡也是喜氣洋洋。

然而，她到了碼頭才發現一切都是謊話，這位期待幸福的小公主，怎麼也沒想到自己是來送命的。

伊菲吉妮亞公主死後，北風真的停了，以阿格門儂為首的希臘聯軍，終於正式出發了。

征戰特洛伊

抵達特洛伊，普羅特斯拉烏斯一馬當先，立刻跳下船，他真是個勇者。可惜，神諭說第一個上岸的人最先戰死。不久，他果然被特洛伊人的長矛射死。

眾神尊崇他，派腳程最快的荷米斯接他回家看妻子最後一面，他妻子不願跟他分開，選擇自殺，跟他一起下冥界。

戰爭真的開打了。

希臘軍很強，特洛伊軍隊也不弱。

特洛伊國王有許多驍勇善戰的兒子：有的擅長領軍作戰，有的專門防守城牆。赫克托王子武藝更是一等一，世上唯一能跟他抗衡的，只有阿基里斯。

戰爭一打就沒完沒了。

這場因為女人而起的戰爭，打了九年多，始終分不出勝負。

直到有一天，阿格門儂把阿波羅神殿祭司的女兒搶回來。

祭司來要人，阿格門儂不肯放人。

「我抓來了，就是我的人。」阿格門儂很霸道。

憤恨的祭司向阿波羅禱告，祈求阿波羅主持公道。

阿波羅好心幫忙，便駕著金馬車，朝著希臘聯軍射出無數火箭，這些箭化成瘟疫，士兵開始生病，死掉的人越來越多。

火葬堆日夜不停的燃燒，滾滾濃煙遮蔽了希臘軍營的上空。

為了這件事，阿格門儂陣營開了一次會，大家要求統帥放走祭司女兒，平息阿波羅的怒火。

阿格門儂提出條件。「要我交出戰利品，除非你們找人來代替她。」

找誰來代替呢？

阿基里斯當時正好也擄了一位少女，阿格門儂誰也不要，就要她。

在當年，少女沒有自己的權利，在戰場上，更像男人的附屬品，被人討來索去的，所以使者就趾高氣昂的去找阿基里斯。

使者很蠻橫。「阿格門儂要她。」

少女被帶走了，阿基里斯氣到快抓狂了。

他在營帳裡大吼，說要去跟阿格門儂拚命，要不是眾人拉著，希臘聯軍就要起內鬨。

那晚，阿基里斯的仙女媽媽特提斯來了。她要兒子別再打這場戰爭，她警告他，神諭曾說過阿基里斯會死在戰爭。「兒子呀，你別再管了，就讓他們自己去打吧。」

「這……」

「孩子，讓媽媽來想辦法。」特提斯保證。

特提斯是好母親，為了兒子，她飛上奧林匹斯，請宙斯幫忙打贏這一仗。

「這……」

宙斯很為難，自從希臘與特洛伊大戰以來，奧林匹斯諸神也分成兩大派：一派以愛芙羅黛蒂為主，外加阿波羅兄妹和戰神，他們支持特洛伊。另一派是搶不到金蘋果的赫拉和雅典娜，對了，還有海神波塞頓，他喜歡希臘人，因為希臘有許多好水手。

宙斯私底下也喜歡特洛伊，但是他可不能公開說出來，否則赫拉饒不了他。

這會兒，特提斯來求他，他只好想個方法。

他打算為阿格門儂製造一場美夢。

夢裡，阿格門儂神勇無敵，領軍打敗特洛伊。

阿格門儂一醒來，立刻如法炮製。當阿基里斯還在營帳裡為了昨晚的事生氣，外頭的希臘聯軍已經出發去打特洛伊。

這場戰爭打得很激烈，打到一半時，卻又停下來，兩軍之間騰出一塊空地，中間站著帕里斯和梅奈勞斯。

原來大家終於達成共識：這場戰爭因海倫而起，此刻站在戰場上的兩個男人，一位是她的丈夫，一位是她的情夫，只要他倆打一架，分出勝負，戰爭就能結束了。

為愛情而打的終極大戰

帕里斯投擲長矛。梅奈勞斯用盾擋開，他反手射出自己的矛，劃破帕里斯的戰袍。帕里斯嚇得差點兒跌倒，機會很好，梅奈勞斯趕緊拔出長劍，正想一劍結束他的生命時，奇怪的是，那把劍竟然斷了。

這會兒，梅奈勞斯沒有武器，但他不放棄，空手抓住膽小的帕里斯，扯著他的頭盔想把他帶回去。

就在這個危急的時刻，帕里斯頭盔的繩子竟然斷了，帕里斯趕緊溜掉，梅奈勞斯東看西看，怎麼也找不到他。

原來，一切都是愛芙羅黛蒂幫的忙，帕里斯太沒用了，還沒打就膽怯，她幫忙弄斷梅奈勞斯的長劍，扯壞帕里斯的頭盔，還用一團烏雲罩著他，讓他逃回特洛伊城。

這一仗，帕里斯除了曾經擲出長矛，竟然毫無反抗能力。梅奈勞斯衝入特洛伊陣營，照規矩，他們的決鬥還沒完，特洛伊的士兵也覺得帕里斯實在太丟臉了，他們發出怒吼，要帕里斯回戰場，可惜，愛芙羅黛蒂的法力太強，沒人發現他早已經回城裡了。

天上諸神大概還嫌不夠熱鬧，居然主動加入這場混戰。雅典娜怕梅奈勞斯獲勝，說服一個愚蠢的士兵朝梅奈勞斯射一箭，這一箭破壞雙方的約定：人家在決鬥，怎麼可以偷襲人家呢？

於是，戰事重新開始，戰神幾位嗜血的朋友：恐懼、毀滅和衝突等天神，也衝進戰場大開殺戒，引發大家瘋狂砍殺的念頭。

希臘軍雖然少了阿基里斯，但他們還有幾個戰神級的人物，例如狄奧梅德斯。狄奧梅德斯先打傷了阿伊尼斯王子。王子的母親是愛芙羅黛蒂，她於是衝入戰場扶起兒子，狄奧梅德斯趁此時衝過來，不管三七二十一，一劍就砍傷愛神。

他繼續發揮勇者無敵的精神，帶軍殺向特洛伊的軍隊核心，然而讓他驚訝的是，戰神竟站在特洛伊國王的兒子赫克托王子身邊。

「大家別再往前衝了，慢慢後退，眼睛別離開特洛伊人。」狄奧梅德斯見了戰神，不禁怕了，大聲的喊著。

天后赫拉氣壞了，她鼓舞狄奧梅德斯。「殺過去，你別怕他，我幫你撐腰。」有了赫拉的鼓勵，狄奧梅德斯重返戰場，他奮力把長矛投擲過去，雅典娜還幫他瞄準目標，這枝長矛像長了眼睛，直接穿透戰神身體，戰神看起來很勇敢，誰知道被矛一射，竟然痛得狂吼狂叫，哎呀，這實在不像天神，他的聲音太可怕了，戰場上不管是希臘人還是特洛伊人，都嚇了一跳。

戰神負傷逃回奧林匹斯，特洛伊人敗象已露。

特洛伊之戰兩大最強戰士：赫克托與阿基里斯

最緊張的時候，英雄級的人物終於登場。

特洛伊第一級戰將赫克托王子重回戰場。

宙斯暗中幫助他，於是赫克托打得更順手了，他頂著招牌的銀亮頭盔，外號「馴馬師」的他和自己的馬車簡直成為一體，不管打向哪裡，哪裡就被他殺得血流成河。黃昏之前，希臘的大軍幾乎快被他趕回海邊。

那一晚，特洛伊城裡處處是慶祝勝利的笑聲；希臘聯軍裡則是一片低氣壓，阿格門儂這位聯軍主帥甚至主張：

「我看大家回去吧，還打什麼呢？」

「不行，」大家勸他：「你只要去向阿基里斯道歉就好。等阿基里斯上陣後，赫克托算得了什麼呢？」

阿格門儂接受大家意見，派代表去找阿基里斯，並且答應送回他的戰利品，也就是那位可愛的姑娘。

阿基里斯呢？

他懶洋洋斜躺在帳篷裡，搖搖頭，哦，他還在生氣。

阿基里斯不肯出兵，希臘人戰事更不利。他們的士兵像是受驚的羊群，被獅子般的特洛伊士兵驅趕著，從坡地退到沙灘，從沙灘逃回船上。

帕特羅克斯是阿基里斯最要好的朋友，他大叫：「你繼續為自尊生氣吧！但是我不能，你的盔甲借我，我要上戰場去決一死戰。」

「你別打得太認真，只要保護好我們的戰船就可以了。」阿基里斯吩咐他。

第二天，帕特羅克斯便穿著阿基里斯的盔甲上戰場。

他一進入戰場，殺紅了眼，阿基里斯交代的話全丟到腦後，衝進特洛伊軍隊裡大砍大殺。

「阿基里斯！」

「是阿基里斯呀！」

大家看了那件盔甲，都以為阿基里斯來了。

戰場上呈現兩種心情：希臘聯軍士氣高漲，特洛伊的士兵驚叫逃跑。

帕特羅克斯殺退一層又一層的敵軍，最後，終於碰上了特洛伊最強戰士赫克托。

他們的決鬥，像是野豬對上了猛獅。

赫克托的長矛飛擲過來，帕特羅克斯躲不掉，被長矛重傷，靈魂飛離身體，朝著地府而去。

現在情勢又變了。

赫克托把阿基里斯的盔甲套在自己身上，彷彿也把阿基里斯的勇氣全召喚來了，這下更沒人擋得住特洛伊的軍隊，他們興奮的衝進希臘聯軍中，無人能擋。

潰敗的逃兵，帶回帕特羅克斯的死訊。

「天哪！你們跟我殺回去！」阿基里斯激憤的跳起來，他的母親勸他，因為她知道，神諭說他將死在赫克托之後，如果他殺了赫克托，他的死期也就不遠了……

「為了朋友，我願意。」阿基里斯說。

「你真不肯聽我的話？」

「我要去殺了赫克托。」

「好，既然這是你的命運，我阻止不了你。但是，等等，你連盔甲都沒了，我去請火神赫菲斯托斯重新打一副。」

仙女母親懷著感傷不捨的心，飛去找火神。火神答應她，只用一個晚上的時間就打出一副閃著金光的盔甲。它的造型輕巧，又能阻擋凡間任何武器。

隔天早上，阿基里斯走出帳篷，迎著朝陽，走向屬於他的戰場。

這是凡間兩大高手過招，天上的宙斯拿出天平量一量，他看到赫克特那端向下一沉，表示他會先戰死。

阿基里斯一路向前衝，特洛伊的河神想擋住他，大河在這兒一彎，鼓起了浪花，阿基里斯大喝一聲，馬車飛躍而過。

啊，他是個連河神都擋不住的男人呀！

前方，凡是擋著他前進的，全被他殺了。

特洛伊城大門洞開，因為士兵全都潰逃回來了。

城門前，站了一個男人，他全身血跡斑斑，那是赫克托。

特洛伊的城牆上，他的父王與妻子在呼喚他，但是，他寧死不退。

阿基里斯來了，赫克托駕著馬車在人們的吶喊聲中，足足繞城跑了三圈，阿基

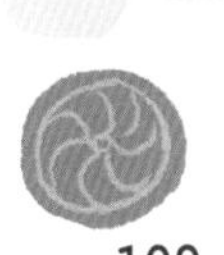

里斯這才追上他。

赫克托說：「如果我殺了你，我會把你的屍體還給你的朋友，希望你也能這麼做。」

阿基里斯冷笑一聲。「狼和羊怎能簽約呢？」他一面說，一面朝赫克托射出長矛。赫克托閃過，回射一枝長矛。阿基里斯手上有神盾，任何兵器都休想射破它，他接過赫克托射來的矛，反手朝赫克托的盔甲刺過去。為什麼瞄準盔甲呢？

原來，赫克托穿的盔甲原本是屬於阿基里斯的，那上頭有個缺口，這是只有他才知道的祕密，那枝長矛就從缺口刺穿赫克托的喉嚨。

一時之間，城上城下的聲音都靜止了。

只剩下風，正在低低的哀鳴。

大家眼看著赫克托緩緩倒地，再也不動。

城上的特洛伊人齊聲求著阿基里斯：「留下赫克托的屍體吧。」

阿基里斯不理，他用皮繩把赫克托綁在戰車後頭，拖著他繞城跑了一圈又一圈。

最後，他拉著赫克托回希臘陣營，在帕特羅克斯的遺體前說：「我替你報了仇，我還會拿他的屍體去餵狗。」

天上的諸神，彷彿為他這個藐視死者的決定而發愁，天邊傳來幾聲悶雷。

那一晚，年老的特洛伊國王帶了一車珠寶，他在天神使者荷米斯的陪伴下，穿過重重的希臘軍團，來到殺他兒子的仇人面前。

國王跪下來，抱著阿基里斯的膝頭，吻著他的手。「你父親年紀和我差不多，他跟我都會遭受喪子之痛，但是他沒有我痛，因為我必須向殺子仇人伸手求助。」

這些話，觸動了阿基里斯，他扶起老人。「讓我們把悲哀平靜的放進心裡，我讓你把他帶回去。」

僕人洗淨赫克托的屍體，抹油，為赫克托穿上柔軟的長袍，好遮掩屍體上的傷口，他向老國王保證，不管他需要多少天辦喪禮，他就願意休戰多少天。

老國王帶著赫克托的屍體回去了，那是特洛伊人最傷心的一場葬禮，連海倫都流下淚水，她說：

「其他的特洛伊人都罵我，只有你始終安慰和鼓勵我，你是我真正的朋友。」

追悼會舉行九天，戰爭也因此停止了九天。

特洛伊人把赫克托放在高高的火葬柴堆，點火燃燒，最後用酒熄去餘火，撿起赫克托的遺骨，用紫色的布包好，再把骨灰甕放入空墳，蓋上大石頭。

這是特洛伊第一戰士赫克托的葬禮。

九天後，重啟戰火。

特洛伊人害怕阿基里斯，更恐懼城牆被希臘人攻破，他們從城裡衝出來，捍衛自己的家園。

然而，他們碰上的可是天神等級的對手——阿基里斯。

阿基里斯領軍把特洛伊人趕回城門前，眼看著他即將推倒城門，所有的希臘人都發出歡呼，慶祝戰爭終於要結束了。

他們的歡呼聲太大了，引起了阿波羅的注意，當他看到特洛伊城前屍橫遍野的景象，大聲喝止阿基里斯：「你該住手了。」

「這是我的戰場，我說了才算。」人間英雄不怕神祇，堅持不退出戰場。

阿波羅被激怒了，他朝著阿基里斯的腳踝射去一箭，誰知，腳踝恰巧就是英雄阿基里斯全身上下唯一的罩門，他疼痛難耐，憤怒的把箭拔掉，從地上跳起來，揮舞著長矛，撲向敵人。

這是阿基里斯最瘋狂的時刻，他這一撲，一連刺倒了特洛伊幾名大將，可是他的肢體正逐漸變冷。終於，阿基里斯不得不停住腳步，用長矛支撐著自己。他再也無法追擊敵人了，只能發出如雷的吼聲，特洛伊人聽到他的怒吼，嚇得渾身打顫，全跑了回去，沒人擋得住阿基里斯呀！

逃跑的士兵沒有回頭瞧，如果，這時他們敢回頭看一下，就會看到……

阿基里斯雖然站著，但是，他的武器掉在地上，大地發出隆隆巨響。

一代名將，阿基里斯的靈魂就這樣向地府而去。

木馬屠城

阿基里斯死後，特洛伊戰爭又成了僵局。

希臘的士兵們只想結束戰爭，回到故鄉，畢竟，大家都離家好多年了。

他們絞盡腦汁，最後，奧德修斯想出一個妙計：他們用松木造了一匹巨大的木馬，把它留在沙灘上，所有的戰艦則趁著黑夜全部撤退。

隔天一早，特洛伊的士兵發現戰場竟然寂靜無聲，只有幾隻海鷗傳來孤獨的叫聲。沙灘上，一匹像山一樣高大的木馬。

特洛伊人不知道這木馬是幹什麼用的。

「難道希臘人拿來當溜滑梯？」他們猜。

有人提議把它拉進城裡。

有人建議把它燒掉或推到海裡。

疑惑很多，卻沒有解答；點子很多，沒人敢做。

幸好，幾個牧人捉住了一個希臘士兵，把他帶到國王面前。

希臘士兵說：「木馬是用來祭祀雅典娜的。我們把它放在這兒，你們一定會毀了它，這樣雅典娜會很生氣。難道你們想拿它去祭祀，討好雅典娜嗎？它那麼大，我看你們一定也拖不進城裡，雅典娜一樣會很生氣。」

那個士兵說的也沒錯，那麼巨大的木馬，怎麼拖進去城裡呢？

特洛伊國王下令：「拆掉一段城牆，把它拖進城，別讓希臘人瞧不起！」

於是，特洛伊士兵真的拆了城牆，士兵們拉緊繩索，在眾人歡呼聲中，那匹木馬，昂首挺胸進了特洛伊城。

希臘人退兵了。

巨大的木馬進城了。

雙喜臨門，值得慶祝。

那天晚上，星斗滿天。

特洛伊人在火堆邊跳著唱著，喝光一桶桶的美酒，直到深夜才休息，夢見和平終於到來。

寂靜的夜裡，連月亮都睡了。

此時，木馬腹部暗門被人悄悄推開，全副武裝的希臘戰士一個又一個的跳出來。他們殺死了睡夢中的守軍，打開城門，埋伏在附近的希臘軍隊如潮水般湧進來。

接下來的場面，其實很血腥，無數的人被殺了，美麗的特洛伊城被燒了，男人大多被殺死，婦女和兒童被當奴隸販賣，特洛伊的財寶裝進了希臘人的戰艦，海倫也被梅奈勞斯帶走。

這場因為一顆金蘋果引起的戰爭，終於結束。

神話小知識

特洛伊戰爭　這場因「一顆蘋果」而起的戰爭，圍城九年，終於在第十年因為「一匹馬」而宣告結束。這場堪稱希臘神話中最知名的戰爭多次被好萊塢改編為電影。而現在我們常聽到的「木馬程式」，典故就是來自終結特洛伊戰爭的特洛伊木馬喔！

第 7 課

流浪的奧德修斯

想出「木馬屠城」妙計，終結十年特洛伊戰爭的奧德修斯，戰爭結束後，為什麼還在外地流浪，遲遲沒有回家？

珀涅羅珀的求婚者

明明，特洛伊戰爭都結束了。

明明，參戰的英雄都返家了。

伊薩卡島的奧德修斯國王卻沒回來。

一天又一天，一年又一年，時間引起謠言，謠言如風暴，越傳越烈：傳言國王奧德修斯早已戰死沙場。

即使不是戰死，八成也落入海中，被海神帶走靈魂。

美麗的王后珀涅羅珀成了寡婦。

啊，王后年輕貌美，加上王宮裡的金銀珠寶……

因此，伊薩卡國湧來數不清的王子們。

伊薩卡的十二個王子。

薩墨島二十四個王子。

還有查托斯島……

杜裡其翁……

所有王子的願望只有一個：

娶到美麗的珀涅羅珀，順便拿到她的財富。

這些求婚者，來頭都很大，誰也得罪不起，除了要供應他們吃喝玩樂，還要給他們房間休息，奧德修斯王宮裡的財寶變成他們在享用。

為了拒絕他們，珀涅羅珀說她必須先替奧德修斯織壽衣，織好了才能嫁人。

她白天織布，晚上再把織好的布拆光。

她用這個方法，整整拖了三年。

對求婚者無賴的行為，奧德修斯的兒子特勒馬科斯很生氣，他決定去雅典娜的神殿問問。

神殿裡，有位美麗的女人說：「你的父親還活著，目前流落到一座荒島。」

「我該怎麼辦？」

「準備最好的海船，挑選最好的水手，速速出海去找他。」

美麗的女人說完就消失了。

特勒馬科斯猜想，一定是雅典娜在指引他，他連忙回家，準備出發。

沒錯，那是雅典娜，她還在暗中使力，先變成特勒馬科斯的樣子去招募水手，再向一位富翁借了大海船。等特勒馬科斯回到碼頭邊，雅典娜又變成他的朋友門托爾，告訴他萬事俱備，可以出發了。

他們首站到了涅斯托耳的城市。

這兒的人宰了九頭黑牛，準備獻給海神，同時舉行盛大飲宴。

涅斯托耳曾參加特洛伊戰爭，他知道特勒馬科斯的身世後，忍不住長嘆一聲：「孩子，我知道其他英雄的事，但是對於你父親，我知道的並不比你多。」

「我該去哪裡呢？」

涅斯托耳建議：「去斯巴達找梅奈勞斯吧，他在海上遇到風暴，被吹到遠方的海岸，最近才回來，或許他知道你父親的消息。」

變成門托爾的雅典娜也贊同這提議。「天色已晚，請允許我的朋友在你的宮殿休息。我得回去船上照料大家，明天我還有事，可以請你派人送特勒馬科斯前往斯巴達嗎？」

涅斯托耳才剛答應，門托爾就變成一頭雄鷹，展翅飛上天空。

見到眼前的神蹟，涅斯托耳說：「孩子，你不用愁了，那是雅典娜！她一直待在你身邊。從前，她最喜歡你的父親，有她的照顧，你一定能找回父親！」

第二天，老人派兒子送特勒馬科斯前去斯巴達，完成他向女神許下的承諾。斯巴達的王宮裡正在舉行宴會，慶祝王子大婚。

海倫見到特勒馬科斯走進來時，悄悄向丈夫說：「他好像當年的奧德修斯。」

「是呀，」梅奈勞斯說：「他的眼睛、頭髮和走路姿勢，簡直就像奧德修斯。」

他們邀請特勒馬科斯入座，詢問他家裡的近況，當他聽到那些求婚者的罪行，都勸他：「放心，等你父親回來時，會像雄獅一樣收拾他們的。」

「你們知道我父親的消息嗎？」

梅奈勞斯說：「聽說他曾住在仙女卡呂普索的島上，後來就不清楚了。」

奧德修斯到底在哪兒呀？

經過這麼多年，難道他真的已經不在人世？

英雄沒死，只是回不了家

其實，奧德修斯沒死。

當年，特洛伊戰爭結束後，英雄都一一返家了。

奧德修斯一行人惹毛了海神，同伴們全葬身海中，只剩奧德修斯抱著木片，漂到了一座島。

孤島上，只住了仙女卡呂普索。

仙女愛上大英雄。「你留下來吧，我讓你永保青春不老。」

卡呂普索收走他的船，英雄只能留在島上。

一天又一天，一年又一年。

時間流轉，英雄無法返鄉。

直到有一天，天上諸神突然想起來，大英雄流浪太久了，該讓他回家了。宙斯派了荷米斯去，要求卡呂普索放了他。

卡呂普索不敢違背宙斯的命令，終於答應讓奧德修斯回去。

奧德修斯造了船，在仙女送來的清風裡，踏上返家的旅程。

這一路上，他以天上的星座當座標，終於見到家鄉的山影。

「我回來了，我回來了！」他興奮的在船上又叫又跳。

海神波塞頓剛從外地辦事回來，這才知道諸神趁他不在，強迫仙女釋放奧德修斯。奧德修斯可是得罪過他呢！

波塞頓才不想放他走，他揮動三叉戟，喚來大風大浪，打翻奧德修斯的小船。

奧德修斯被捲入波浪裡，努力抓住小船，隨著小船漂流。

海洋女神伊諾同情他，從海底升上來，說：「奧德修斯，聽我的勸告，你快用我的面紗裹住身體，朝著前方游去！」

奧德修斯接過面紗，女神就消失了。他遵從女神吩咐，圍上面紗，跳進海浪。仙女的面紗有神奇的力量，托著他，海浪再大，他也不會沉。

他在海上漂了兩天兩夜，最後漂到了一座小島，到這兒，他筋疲力盡，再也支撐不住，倒在河岸上，失去知覺。

也不知道過了多久，一陣冷風吹醒了他。他解下面紗，滿懷感激的把它放回海裡，歸還女神。

奧德修斯又餓又累，他光著身子爬進一座長滿橄欖樹的林子，這裡的枝葉茂密，他用樹葉鋪成一張床，拿樹葉蓋在身上。

勞累讓他沉睡，忘卻一切磨難。

就在奧德修斯熟睡時，他的守護女神雅典娜也正在為他悄悄安排。

這座島上，有個王國。國王有個美麗端莊的女兒瑙西卡。

清晨揚起微風，瑙西卡公主正在睡覺，雅典娜出現在她的夢中。「公主呀，妳怎麼還在睡呢？滿屋子的衣服都還沒洗呢！如果明天有人向妳求婚，妳可沒有乾淨衣服穿，快起來，洗衣服去。」

瑙西卡醒來後，連忙帶著侍女，駕著馬車來到河邊洗衣，一件件晾起來，洗完衣服，她們也在清水裡沐浴，在草地上玩球，等著太陽完成晒衣服的工作。

隱身在一旁的雅典娜伸手一指，那顆球掉入急流裡，姑娘們喧鬧著：「哎呀，球掉了！」

「怎麼辦哪？」

熟睡中的奧德修斯，也被這陣騷動驚醒了，他爬起來走出去看看發生什麼事。不過，他忘了，自己好久沒刮鬍子，而且，全身還光溜溜呢。

侍女們發現他，驚慌失措的跑光了。

瑙西卡一點也不怕，她凝視著奧德修斯，只因雅典娜此時悄悄給了她勇氣。

奧德修斯懇求：「姑娘，妳能賜我一件衣服嗎？」

「幫忙是我該做的事。」

瑙西卡喚回侍女，等奧德修斯在河裡沖洗乾淨後，送給他衣物。

穿上衣服，雅典娜略施法術，現在他看起來更健美、威武。

為了避免尷尬，瑙西卡請奧德修斯遠遠跟在馬車後面，還說：「進了城，先去宮殿找我母后，只要她答應幫助你，那就沒問題了。」

進城時，天色晚了。

奧德修斯在濃霧中走進王宮，他來到國王和王后面前。雅典娜一舉手，他周圍的濃霧頓時消失，他跪在王后腳下，抱住她的雙膝，懇求她：「願諸神降福給你們，請仁慈的王后能助我這外鄉人一臂之力。」

王后認出他身上的衣服，因為那是她自己織的呀！

她困惑的問：「外鄉人，你從哪裡來？誰送給你這件漂亮的衣服？」

奧德修斯把漂流到島上來之後，遇到瑙西卡的事說了一遍。

「我的女兒這樣做是對的。」國王笑著說：「明天，我將給你海船和水手，幫助你回到家鄉。」

奧德修斯非常感謝他的盛情，那一晚和大家聊到了深夜。

第二天清晨，國王準備一艘大海船和五十二名水手，並特別設宴款待奧德修斯。

這場宴會，來了好多賓客。宴會洋溢著音樂、美酒與笑聲。

國王還送給奧德修斯一大箱禮物。

一位歌手唱著好聽的歌曲，歌詞說的正是特洛伊之戰的故事。

奧德修斯聽到自己的故事，忍不住拭了淚。

國王好奇的說：「我的貴客聽了歌聲竟更加悲傷了，你能不能告訴我們你為什麼流淚？」

奧德修斯聽到國王的要求，便開始說起自己的故事……

奧德修斯的歷險故事

「親愛的朋友，我就是奧德修斯，也是伊薩卡國的國王，我的故鄉在陽光燦爛的伊薩卡島。特洛伊戰爭結束後，我本來要返回家鄉，可惜那天吹起了一陣大風，竟然把我吹到了伊斯瑪洛斯，那是喀孔涅斯人的都城。

喀孔涅斯人不友善，我們也不是好惹的。我們是訓練有素的戰士，只花了一點時間，就打敗他們，我建議大家趕快離開喀孔涅斯，可是大家卻留戀著戰利品，以為自己是打不倒的勇士。

那天晚上，逃走的喀孔涅斯人找來救兵，趁我們狂歡時發起攻擊，可憐，我有六個同伴還沒抽出劍就被人砍死在餐桌上，我們幸好跑得快，才倖免於難。

回到船上，我們想趕快回家。

船到了伯羅奔尼薩南端，眼看家鄉在望，命運女神又跟我們作對了，北方吹來的巨風，把我們送回浩瀚的大海。

我們一共在風浪中顛簸了九天九夜。」

吃下令人忘卻一切煩惱的忘憂果

「第十天，我們來到洛托法根人的海岸。洛托法根人種了一種忘憂果，無論你有多少煩惱，只要吃一口忘憂果，什麼都能忘掉。

我們派出去取水的人，受到他們熱情的接待。他們吃過了忘憂果，竟然連家鄉親人的呼喚都忘得一乾二淨。

他們瘋狂的叫著：『我們要留下來！』

『天神也沒有我們快樂呀！』

於是我們只好強行拖他們上船，繼續航行。」

物產豐富的庫克羅普斯

「回家的信念，讓我們划船的雙手更有力。遼闊的大海又如何？

我們航行，經過庫克羅普斯人居住的地方。

那兒的土地肥沃，不用耕種就能五穀豐收，葡萄藤上總有結實纍纍的果子。宙斯偏愛這裡，這塊土地風調雨順，他們不需要法律，從不召開國民大會。他們住在岩洞裡，甚至不與鄰人往來。

過了庫克羅普斯，前方有兩座森林茂密的小島。

第一座島上野羊成群，自由自在，從來沒有獵人去捕殺。島上無人居住，因為庫克羅普斯人不會造船，他們無法渡海到島上。

那座島上有天然的避風港，船隻安安穩穩。第二天天亮，我們上島獵到許多山羊。我們共有十二隻船，每艘船分到九隻山羊。

那天，大家高高興興的在海灘吃羊肉，喝著從喀孔涅斯人那兒搶來的葡萄酒。」

與獨眼巨人搏鬥

「好景不常。隔天我前往另一座小島。我挑選十二名最勇敢的伙伴，帶上食物和美酒，希望能和那兒的人變成朋友。

第二座島上沒有房子，只有一個山洞。山洞裡沒人，裡頭卻有大塊大塊的乳酪，羊圈裡擠滿了綿羊和山羊。我們本想偷了乳酪就折返，但最後忍不住好奇，竟突發奇想，想留下來看看山洞裡到底住的是什麼人。

當初真該直接離開山洞才對。否則我也不會惹到海神波塞頓了。

我們繼續在山洞裡等待，突然覺得地面震動，洞口出現一個巨人，他把肩上的木柴扔在地上，發出一陣可怕的轟隆聲。我們嚇得躲進角落，巨人把羊群趕進山洞，然後，搬來一塊巨石封住了洞口。

那是一塊超級大的巨石！

搬完石頭，巨人還悠悠哉哉的做家事，擠羊奶，做乳酪，做完乳酪又生火。火光照亮山洞，我們看到巨人只有一隻閃閃發光的眼睛，長在額間。

巨人也發現我們，他的聲音像雷聲一般。

『陌生人，你們是誰呀？你們是強盜嗎？』

我壯起膽子回答：『我們是希臘人，剛從特洛伊戰場上回來。我們在海上迷了路，希望能請求你的幫助和保護。』

『你是傻瓜，說吧，你們的船藏在哪裡？』

我可不想透露太多訊息，便小心翼翼的說：『我們的船早被大浪打得粉碎，我們幾個人都是死裡逃生才能到這裡。」

『那太好了。』巨人伸出大手，抓起我的兩個同伴，直接塞進嘴裡吃了。

天哪，我們嚇得驚聲尖叫，巨人卻毫不理會我們，他吃飽了，又喝了羊奶解渴，然後躺在地上睡著了。

該怎麼辦呢？我們想不出辦法，一整夜全在恐懼裡度過。

第二天，巨人又抓了我的另兩位同伴當早餐，吃完了，他才搬開巨石，把羊群趕出山洞，回頭又用岩石塞住洞口。

怎麼辦，怎麼辦？

我想了一天，終於想出了一個好辦法。

我找到一根木棒，削尖、磨利之後，就變成銳利的武器。

那天晚上，巨人回來了，他又抓了我的同伴當晚餐，我急忙解開盛酒的皮袋，把酒倒進木桶，說：『吃人肉配這種酒真是再好不過了，希望你可憐我們，喝了美酒，放我們回去。』

獨眼巨人一飲而盡，心情大好，高興的說：『再給我喝一桶酒，告訴我你的名字，我也會讓你知道我是誰，我先告訴你吧，我叫波呂斐摩斯。』

我連續給他倒了三桶酒，說：『巨人先生，我的名字很奇特，叫做沒有人。』

『沒有人，為了報答你請我喝酒，我會最後一個再吃你，怎麼樣，不錯吧？』

他說這話時已經醉得語無倫次了，說完就倒在地上睡著了。

我立刻把木棒放進火堆，等它一燒紅了，便狠狠戳進巨人的眼睛。巨人痛得抓狂，跳起來大吼大叫，我們怕被他撞到，全躲進角落。

獨眼巨人拔出木棒，像發瘋似的呼喚其他巨人。

巨人全跑來了，紛紛問發生了什麼事。

巨人說：『兄弟們，沒有人騙我，沒有人刺殺我！』

其他巨人一聽便納悶道：『既然沒有人刺你，你叫什麼叫呀？』

巨人還真好騙！沒多久，他們就走光了。

山洞裡只剩下獨眼巨人痛苦的呻吟，他推開門口的巨石，打算把羊趕出去，再來仔細找我們。

巨人仔細摸索每一頭羊，確定出去的是羊，而不是我們這些麻煩傢伙。然而他沒有料到，我們全抱著羊肚，讓羊悄悄帶到洞外了。

出了洞，我們把巨人的羊趕上船，等船離岸一段距離後，我才大叫：『波呂斐摩斯，我們不是好惹的，神有一天會懲罰你的！』

獨眼巨人聽了我的話，從山洞裡跑出來，咚咚咚的腳步聲，激起巨大的浪花，我們的船在海上像喝醉了般搖晃了起來。『沒有人，你在哪裡？』

巨人抓著石頭，朝我們的船擲來，差點就砸中船舵，我們奮力划動，才終於離開了巨人。

我太興奮了，忘情的告訴他自己的真名。『傻巨人，我可不叫做沒有人，告訴你吧，我是征服特洛伊城的英雄奧德修斯！』

獨眼巨人追不上來，只好在岸邊咆哮：『我是波塞頓的兒子！你笑吧！我會請我父親降下大禍，讓你無法回家，到時候你就笑不出來了！』

那時我還沒意識到他這番話的嚴重性。」

風王埃洛斯

「回家的風好輕快，很快就到了埃洛斯國王住的島。

好心的國王招待我們在島上住了足足一個月，我懇請他幫助我們回國，他也一口答應，還送我一個鼓鼓的皮袋，裡面裝了各式各樣的風。

原來宙斯讓埃洛斯國王掌管巨風，他有權叫風兒吹起與停息。

我打開袋子一角，放出西風。

在西風的吹拂下，我們足足航行了十天，這十天我連眼睛都不敢眨，抓著風袋，讓西風吹呀吹。

眼看著伊薩卡島就在眼前，島上人家的炊煙都看得清清楚楚了。

這時，我才放鬆自己，躺下來休息，準備用最好的精神回家去。

沒想到，我只是休息一下，同伴們好奇打開風袋。這下不得了，袋裡的風全都跑了出來，又將船吹回廣闊的大海。

那一刻，我真恨不得跳進大海，游泳回去。

最後，風又把我們帶回埃洛斯島上。

我衝上島，對埃洛斯國王解釋一番。『如果你能再送我一袋風回家……』

埃洛斯卻很生氣。『我送你風，你卻不珍惜？出去！我再也不要見到你。』」

喀耳刻的魔法

「我們垂頭喪氣的回到船上，繼續往故鄉划去。

船行駛了七天，到了埃埃厄島。船停泊後，我派人前往島上探勘。

從白天等到黃昏，從黃昏直等到第二天清晨，他們遲遲不回來。

終於，我看到隊長回來了。

隊長臉色蒼白，膽顫心驚。『島上的宮殿裡住了一位美麗的公主，她仁慈的招待我們吃喝，我肚子不舒服，所以沒吃，沒想到，吃下食物的人全變成肥肥胖胖的豬。』

我聽了，佩上寶劍，拿起弓箭，獨自去救朋友。

我遇到信使荷米斯，他送給我一株黑根草。

他說那位公主叫做喀耳刻，這草能對抗她的魔藥。

我謝過荷米斯，來到喀耳刻的宮殿。

美麗的喀耳刻請我進去，她馬上就愛上了我，還要請我吃飯。

我不但不吃，更對她說：『如果妳希望我吃，請先把我的朋友恢復人形！』

她聽了，就用荷米斯的魔藥塗抹那些肥豬，我的朋友很快都變回人形。

喀耳刻邀請我們留下來，我答應了。

在島上住了一年，大家都很快樂。」

陰間之旅

「一年後，我們開始想家。我請求喀耳刻讓我回去。

喀耳刻提出條件：除非我進入陰間，找到預言家提瑞西阿斯的幽靈詢問未來的事。只要我辦到了，她就讓我回家。

陰間？凡人能進入冥界嗎？

喀耳刻指點我們冥界入口的位置，也告訴我們重返人間的方法。她還給我們送來一陣順風，鼓起船帆。

於是，我們又在大海上航行了。

這次的目的地是陰間，預定時程不知道會是多久。

太陽落進海裡，喀耳刻的風終於把我們送到了世界盡頭。

這裡終年濃霧，陽光永遠照不進來。

我們按照喀耳刻的指示：走到兩條黑河交會處，用羊獻祭。

當羊血流入土坑時，死者的幽魂成群結隊的出現。我抽出寶劍，等待預言家提瑞西阿斯的靈魂。

沒多久，提瑞西阿斯拄著金杖出來了。他認出我。

『奧德修斯，你怎麼到這裡來了？請先讓我喝一口祭供的鮮血，我便告訴你未來的事情。』

他俯下身，舔著黑色的羊血，最後說：『奧德修斯，你想回國，卻有個天神在阻攔你，那是獨眼巨人波呂斐摩斯的爸爸——海神波塞頓。』

聽到這兒，我搖搖頭，不發一語。

提瑞西阿斯說：『你不必失望，你最後還是能回到家鄉，你會在特裡納喀亞島登陸，千萬別動太陽神的牛，否則你還得經歷許多劫難才能回家；你家許多求婚者正在打擾你妻子，揮霍你的財富，鬧得你宮中不得安寧。你會打敗他們，從此，你的王國繁榮昌盛，你也可以活到老年，在一個距離大海很遠的地方離開人世。』

預言家走了，更多陰魂湧來，不管他們是英雄還是國王，他們現在都成了陰間裡的一屢幽魂。

他們吮吸羊血，向我訴說自己的命運。

我甚至還遇到了希臘聯軍的統帥阿格門儂。原來，阿格門儂返鄉時，妻子和情夫聯手殺了他。

最後，是阿基里斯。

我以為他在人間是戰神，到了陰間，一定也受鬼王尊崇。

他苦笑一下。『告訴你吧，我寧願在人間當奴僕，也不願在陰間當君王。』

我忍住悲傷，趕緊和同伴們動身離開。」

賽蓮女妖的致命歌聲

「航行六天六夜後，風突然停了。大海安靜極了。

船不動，我們只能搖槳前進，與大海搏鬥。

這時，我們正經過一座海島。記得喀耳刻曾說，海上有座島是風也吹不起來的，只有賽蓮女妖。女妖會用歌聲引誘路過海上的人，得用蠟塞住耳朵才行。一個風也吹不起來的地方？就是這裡了。

我急忙割下蜂蠟，請大家塞進耳裡。但我自己倒是好奇，想聽聽賽蓮女妖的歌聲，於是請大家把我牢牢捆在桅杆上。

船接近那座島了，我果然聽見一陣歌聲。

美豔的女妖站在岸邊，唱著：

『朋友，停下來，聽聽我們的歌聲！』

『優美的歌給你們快樂與智慧，伴隨你們平安航海前進。』

她們的歌聲果然可怕，我竟然抑制不住心裡的願望，只想奔到女妖的身邊。

我請大家放開我，耳朵塞住的他們當然什麼也聽不到，只是用力地搖槳前進。

直到遠離賽蓮島，他們才把我解下來，我也恢復冷靜，終於擺脫女妖的引誘。」

預言家曾提到過的神牛

「船航行在平靜的海面上。

特裡納喀亞島出現在眼前。

那座島，陽光明媚，生意盎然。傳來神牛的哞哞聲和綿羊的咩咩聲，牠們是太陽神的牧群。

我想起了提瑞西阿斯的警告，吩咐同伴們避開這座島。他們聽了卻不高興，因為航行這麼久，大家都累了。

我只好讓步。『好吧，但你們上岸後絕不能宰殺太陽神的一頭牛、一隻羊。』

他們為了上岸，便興奮的拍胸脯保證。

我們駕船駛入海灣，離船登上海島，用完晚餐，這才入睡。

深夜裡，島上突然颳起大風。風掀起的巨浪，把我們困在島上足足一個月。

食物很快就吃完了。

怎麼辦？我走近海邊，向眾神祈求。

等我回來時，聞到一陣牛肉的香氣，哎呀，我的同伴忘了自己的承諾，竟然殺了太陽神的牛來充饑！一切都太遲了！

可怕的事發生了。剝下的牛皮竟自行走動，在鐵叉上的牛肉哞哞鳴叫。

他們仍大吃大嚼，等到風一停，我拖著他們跳上船，想趕緊逃離。

然而，天空堆起重重的烏雲，海水也變黑了，狂風和閃電不斷攻擊我們的船。

我同伴們紛紛跌落水中，最後遭波浪吞沒。

就這樣，船上最後只剩下我了。就在我們的船解體之前，我急忙抱住僅存的木板，躍入海中，隨波漂蕩。

後來，我就漂到了女神卡呂普索的島上。」

故事說完了，繼續返鄉航行

「親愛的國王，我就是從卡呂普索的島上漂流到這裡的。」奧德修斯說。

聽完他的故事，大家都為他祝福，送他上船，祝他平安回到家鄉。

這回，他真的要回家了。

奧德修斯實在太累了，在船上睡得好熟好熟。直到抵達伊薩卡都還沒醒來。

船員們認為熟睡是天神恩賜的禮物，便將他連人帶床抬下來，將國王的禮物放在四周後，悄悄的告別了。

忠心耿耿的牧豬人歐邁俄斯

奧德修斯醒來了。

他離家太久，竟然認不出自己的家鄉，他痛苦的叫著：「我怎麼如此不幸，又來到一個陌生的國家。天哪，水手真可惡，不但把我丟在荒地，還把我的禮物……」說到這兒，他才忽然發現，國王送的禮物被人好端端的放在一旁。數一數，一個也沒少。

他正疑惑呢，他的守護神雅典娜現身告訴他，這兒就是他的家鄉伊薩卡島。雅典娜拂去奧德修斯眼前的迷霧，使他清楚看到家鄉的山水。

「我真的回來了。」奧德修斯興奮的吻著大地，感謝雅典娜幫他做的一切。

「但是，你的挑戰還沒結束。」雅典娜說出求婚者正騷擾著他妻子的事。

奧德修斯忍不住請求雅典娜。「仁慈的女神，請妳一定要幫助我！」

雅典娜將奧德修斯變成一個衣著襤褸的乞丐，又給了他一根棍子和一個破袋子，並指示他接下來的路。

奧德修斯根據雅典娜的指示，找到了一位牧豬人，他當年的忠僕歐邁俄斯。

歐邁俄斯認不出他。「我們不能虧待客人，但是我並不富有。如果我的主人在家，他會賜給我房屋、田地和妻子。那樣一來我就能好好招待你了！」

歐邁俄斯只烤了一點點豬肉，倒了一點酒。

他告訴奧德修斯，他養的肥豬全被王后的求婚者吃光了。

求婚者認為離家已久的主人一定死了，擅自揮霍著宮中的財富。

奧德修斯則謊稱自己來自克里特島，曾在特洛伊見過他主人，並沒有說出實情。

歐邁俄斯用山羊皮替他鋪了暖和的床，他自己卻在豬圈邊看守豬隻。

奧德修斯很高興這位忠僕始終小心保管他的財物，更下定決心要奪回一切。

父子相認

第二天一早，奧德修斯的兒子特勒馬科斯從斯巴達的梅奈勞斯那兒回來了。

歐邁俄斯介紹了奧德修斯給他，又把奧德修斯編的身世說了一遍。

特勒馬科斯請歐邁俄斯到城裡捎個口信給母親。

歐邁俄斯立即穿上鞋子，拿起長矛，匆忙離去。

屋子裡，只剩下奧德修斯和他的兒子，他兒子卻認不出自己的父親。

此時，雅典娜再度現身，當然，只有奧德修斯才看得到她。

她用金杖在奧德修斯身上點了點，奧德修斯頓時變得年輕高大，面色光潤，雙頰飽滿，髮鬚濃密。

女神做完這事，再度消失。

特勒馬科斯驚奇萬分，他虔誠的垂下頭：「陌生人，你的模樣突然變了。你一定是天上的神祇！讓我向你獻祭，請你保護我們！」

奧德修斯說：「兒子！你該認出我的，我是你的父親！」

奧德修斯流著淚擁抱兒子。特勒馬科斯卻不敢置信：「怎麼……怎麼可能？我父親早已……」

「不，孩子，我真的是你的父親，我離家整整十年，終於回來了。」

特勒馬科斯終於相信他，急著告訴他家中的混亂現況。

奧德修斯說：「別擔心，你明天進城去，偷偷拿走求婚者的武器，別讓任何人知道我回來了。」

王宮裡吵吵鬧鬧。

求婚者正大口吃著肉，爽快喝著酒，他們計畫等特勒馬科斯回來，就殺了他，分光他的財產，強占他的宮殿。

王后偷偷聽到他們的計畫，只能伏在床上放聲大哭。她為自己的丈夫哭泣，直到女神雅典娜使她昏昏睡去。

當天晚上，歐邁俄斯回到草屋。奧德修斯又被雅典娜施法變回老乞丐，所以歐邁俄斯仍然認不出他。

老獵犬、老保姆、牧牛人

第二天早晨，特勒馬科斯要歐邁俄斯帶老乞丐進城裡乞討。他動身回到王宮後，對擔憂的母親說：

「母親，梅奈勞斯曾聽說父親被仙女卡呂普索留下，目前正在仙女的島上。」

這時，歐邁俄斯和奧德修斯也到了城裡。他們遇到牧羊人，這個牧羊人想討好那些求婚者，趕著肥羊進宮，見了老乞丐，不但不給錢，還朝他踢了幾腳。歐邁俄斯很生氣，奧德修斯不想滋生事端，洩漏了身分，於是拉住他。

奧德修斯走進宮殿時，沒人認得出他，只有他的狗。

狗兒當年曾跟他去打獵，只是現在老了，爬不起來。牠全身骯髒不堪，只能搖搖尾巴，表示對奧德修斯的敬意。

歐邁俄斯說：「小狗年輕時是純種的獵犬，我那不幸的主人很疼愛牠，然而主人不在了以後，僕人們甚至不餵牠吃飯！」

這條狗認出自己多年前的主人，便把頭伏在前爪上，向他敬禮，心滿意足的死去了。

進了大廳後，奧德修斯學著乞丐，伸手向求婚者乞討。

「諸位高貴的王子，請可憐我，賞我……」

「去去去！」那些王子對他冷嘲熱諷，甚至出手推他。

幸好，王后出來了。

美麗王后的出現引起一陣騷動，奧德修斯低著頭，怕她認出自己來。一直等到宴會結束，王后終於看到奧德修斯，不過，她認不出自己的丈夫，只是問他：「陌生人，你從哪裡來？」

奧德修斯把自己編的故事重說一遍，尤其說到他曾在特洛伊遇到奧德修斯……

王后一聽，又問：「我考考你，看看你是否真的見過我丈夫，請告訴我，他當時穿什麼衣服。誰和他在一起？」

「因為時間太久，已經很難記得清了。那是十年前的事了。我好像記得他穿一件紫金色的羊毛披風，上面繡著一隻獵犬，他的隨從叫做歐律巴特斯，臉龐黝黑，頭髮鬈曲。」

王后一聽，流下淚水。「你真的見過他……」

仁慈的王后吩咐老保姆幫他洗腳，好讓他休息。

老保姆當年負責照顧奧德修斯，她看著眼前的老乞丐，忍不住說：「瞧這雙手，這雙腳，就像奧德修斯的一樣。」當她準備為奧德修斯洗腳時，又仔細打量他。「你的身段、兩腳和說話的嗓音跟我的主人奧德修斯簡直一模一樣。」

「是嗎？」奧德修斯看到老保姆舀來溫水，連忙避開亮光，怕她認出自己，但當老保姆替他洗腳，在他右膝上摸到一塊疤痕，忍不住輕呼一聲：「我的孩子……」

奧德修斯急忙阻止她。「現在還不能讓任何人知道！」

那一晚，老保姆好激動，她幾次想叫出聲音，卻又強忍著把喜悅吞回肚中。

隔天清晨，宮殿裡又喧鬧起來。

歐邁俄斯送來了肥豬，並向奧德修斯親切問好。

牧羊人也送了肥羊來，他經過奧德修斯的面前時，再次嘲弄他。奧德修斯只是搖搖頭。

一個牧牛人送來一頭牛。他看見奧德修斯，忍不住多打量了一下。

「外鄉人，我剛看到你，就不由得流下了眼淚，因為你使我想起了奧德修斯，他現在也許在各地流浪，像個乞丐一樣。我年輕開始時就為他放牛，可是，現在雖然牛羊成群，我卻不得不把肥牛送給求婚者享用。我盼著奧德修斯有一天回來收拾這些無賴，否則，我早就離開伊薩卡到別處去了。」

奧德修斯說：「牧牛人，我敢向宙斯發誓，奧德修斯今天就會回來。你將親眼看到他將如何懲罰壞蛋。」

牧牛人聽了好激動。

射箭比賽

王后出來了。她一走進大廳，大家都安靜聽她說話。

「我知道你們都想娶到我，現在將舉行一場比賽，這裡有我丈夫的一張硬弓，那邊排著十二把斧頭。不管是誰，只要能一箭射過那十二把斧頭的穿孔，就可以娶我為妻。」

那些求婚者聽了都躍躍欲試。

然而，大部分的人，連弓都拉不開。

只有少部分的人拉得開弓，卻射不出箭。

最後一、兩個人勉強射出了，卻無法瞄準。

他們在射箭時，奧德修斯找來牧豬人與牧牛人，他們的忠心，值得他信任。

奧德修斯對他們說：「你們聽著。我就是奧德修斯，為了證明我的身分，我給你們看我腿上的傷疤，那是我以前打獵時被野豬咬傷的。」他撩起破爛的衣服，露出了那塊傷疤。

兩個牧人激動得哭了起來。他們伸手擁抱主人，吻著他的面頰。

奧德修斯叮囑他們：「你們幫忙將大門鎖起來，別讓任何一個人出去。」

這時，比賽終於告一段落，沒有人能一箭射進那十二個穿孔。

奧德修斯抓準時機，走上前去。「我請求你們讓我試試。」

「老乞丐，你瘋了嗎？」

「憑你也想參加比賽？」一群求婚者譏笑他。

王后出聲制止。「排斥陌生人參加比賽是不公平的！」

特勒馬科斯把箭交給老乞丐，兩位忠僕也偷偷閂上大門。

奧德修斯輕輕拉了一下弓弦，弓弦便發出清脆的響聲。

眾人都嚇到了，宙斯此時也在天上發出雷鳴，作為一種吉兆。

奧德修斯取出一枝箭，搭在弓上，瞄準了穿孔，一箭射出去。

箭順利的從第一把斧頭穿進去，從最後一把斧頭的小孔飛出來。

此時，特勒馬科斯穿著一身鎧甲站在他身邊。

奧德修斯對求婚者大聲說道：「第一輪比賽已經結束，現在進行第二輪比賽吧！這次由我選擇射箭目標！」

咻的一聲，他一箭射倒一位求婚者。

其他求婚者紛紛從椅子上跳起來，想找自己的武器，然而，武器早被收走了。

咻的又一聲，又一個求婚者倒地。

奧德修斯吼道：「你們以為我永遠不會從特洛伊回來了！你們揮霍我的財產，在我還活著時就來向我的妻子求婚。你們不覺得羞恥嗎？」

「你是奧德修斯……」求婚者個個嚇得面色蒼白，奧德修斯箭無虛發，每一箭都伴隨著一聲慘叫。

偶爾有人衝過來，也被特勒馬科斯和兩個忠心牧人制伏。

最後，宮殿大廳裡已經躺滿一地求婚者。

老保姆欣喜的喚醒王后：「王后，妳日夜盼望的人已經回來了！奧德修斯回來了！他將那些求婚人全都殺死了！」

「你在說什麼夢話呢？」王后迷迷糊糊的問道。

「昨天的老乞丐就是你的奧德修斯！你的兒子早就知道了，只是必須在復仇前保守祕密。快去迎接他吧！」

流浪者終於返家

王后滿懷著恐懼和希望走出去，渾身顫抖的看著奧德修斯，卻遲遲沒有說話。特勒馬科斯催著她，她笑說：「兒子，如果他真的是我的奧德修斯，我們自然會認出彼此的，因為我們之間有別人不知道的祕密。」

奧德修斯溫和的笑著說：「讓你的母親來試探我吧！我相信她會認出我的。」王后說：「今天天色晚了，我明天再試探你，老保姆，妳先把我們臥室那張床搬來讓他就寢吧！」

奧德修斯聽了這話跳起來。

「妳侮辱我！我的床沒有人搬得動。建造宮殿時，這裡有棵粗大的橄欖樹，我沒有挖出它的根，而是用它做那張床的一根支柱。如果有人想搬動它，就得把橄欖樹挖起來才搬得出來。」

王后聽得全身發抖，哭著朝丈夫奔去。「奧德修斯！別生我的氣！我相信你，因為你說出了只有我們才知道的祕密！」

分別了十年的夫妻，終於團聚了。

宮殿裡，響起一陣歡呼，奧德修斯和王后攜手走到王宮外，臣民們都很開心，他們奔相走告，告訴大家，國王回來了。

這對重新團聚的夫婦又幸福的生活了許多年，直到高齡才安詳去世。

神話大人物

奧德修斯　智勇雙全的伊薩卡島國王，曾在特洛伊之戰獻出「木馬屠城」一計，可說是終結特洛伊戰爭的重要英雄。然而戰爭結束後，他卻不得不四處流浪，戰勝女妖、智取巨人，整整十年才回到家鄉。他的十年歷程使得「奧德修斯」這個名字後來已經衍生出「流浪」、「歷險」、「偉大返鄉之旅」等意義。

第 8 課

剷除女妖的英雄
柏修斯

傳說中有三個可怕的女妖，沒人對付得了，因為只要看見她們一眼，馬上會變成石像，再也動彈不得。

勇敢的柏修斯該如何剷除女妖？

阿哥斯國王阿克利修斯只有一個女兒達娜葉。達娜葉雖然漂亮，也得國王的寵愛，但是，沒有兒子繼承王位怎麼辦？

阿克利修斯到阿波羅神殿求神諭，神殿的祭司說：「你不但沒有兒子，將來還會命喪自己外孫手中。」

「天哪！」

阿克利修斯膽子小，不敢殺自己女兒，所以建了一個銅塔，再把塔埋進土裡，女兒就關在裡頭，不讓她有遇到男人的機會。

沒有男人就不會生小孩，膽小的阿克利修斯這麼想。

眾神之王宙斯很同情達娜葉，當然，他也覺得達娜葉很美，所以，喜歡接近美女的宙斯便化身成黃金雨，雨落銅塔，不久，達娜葉就生下一個男孩柏修斯。

阿克利修斯國王又生氣又害怕，他不敢直接殺害他們母子，於是派人把她們關進一個大木箱，再把木箱放到海上，任由他們自生自滅。

大木箱漂呀漂，盪呀盪，最後漂到了賽普勒斯島，一個好心的漁夫救出他們。還把他們帶回家收留。

只是，達娜葉的厄運還沒結束，她太過美麗，吸引了賽普勒斯殘暴的國王波律德克特。

國王想娶她為妻。「嫁給我，妳就有榮華富貴可享。」

達娜葉只想全心全意照顧孩子。「婚事，等等再說。」

這一等，就等了好久好久，達娜葉跟著漁夫太太做家事；柏修斯跟漁夫出海學捕魚。

十幾年後，柏修斯長成一位英俊少年，他的母親卻還是那麼漂亮。

波律德克特國王依然喜歡她，柏修斯因此成了國王的眼中釘。

眼中釘一定要拔除，波律德克特於是想了一個計謀：

當年的海上有座島，島上住了三個可怕的戈爾貢女妖。戈爾貢的惡名遠近皆知，她們擁有可怕的毀滅力量，只要看她們一眼，誰都會變成石頭。

波律德克特故意告訴柏修斯，他好想好想要戈爾貢的頭。

「哎呀！可惜沒人辦得到。」

有一天，波律德克特宣布他要結婚了，請大家來慶祝。柏修斯接到請帖，按照禮俗，賓客都要送給新娘一匹馬。柏修斯只是個漁夫，他送不起馬，波律德克特卻故意問他：「咦，你的禮物在哪兒？」眾人眼睜睜望著他，柏修斯只好說：「我的禮物是你最想要的是東西，戈爾貢的頭。」

哇，大家聽了拍拍手，最開心的卻是波律德克特，他就等著柏修斯說這話呢。任何人只要看戈爾貢一眼，立刻就會變成石頭。柏修斯如果變石頭，他就能名正言順娶達娜葉了。

柏修斯這下子騎虎難下，況且，他沒去過戈爾貢島，天知道這座島在哪裡？正沮喪的時候，來了一位特別的年輕人。他的金手杖雕著翅膀，鞋子有雙翼，帽子上還有雙小小的翅膀拍呀拍。

柏修斯好開心，這一定是天神荷米斯，他的裝扮大家都知道。

荷米斯說：「想攻擊戈爾貢，你得有好武器，武器全在北方仙女那兒；想找到北方仙女，要先找到灰女，只有灰女知道北方仙女的住所。灰女住在暮光之國，她們三個人輪流使用一隻眼睛，一個看完再傳給另一人。」

「三個人共用一隻眼睛？」柏修斯問：「我該怎麼對付她們？」

「你上岸先躲起來，等灰女拿下眼睛，而另一個人還沒拿到手時，趁機把它搶過來，利用眼睛威脅她們，你就能找到北方仙女的住處。」荷米斯還送他一把寶劍。「它可以刺進戈爾貢的鱗片，不管鱗片有多硬，這把劍都不會彎曲斷裂。」

「但是，寶劍再銳利也沒用，」柏修斯說出擔憂，「我還沒走到她們面前，就已經被她變成石頭了呀。」

他說到這兒，雅典娜也出現在他面前。

「柏修斯，天神永遠會照護著你，」她取下胸前的銅盾。「你攻擊戈爾貢時，你可以從盾牌後頭看到她，這樣就能閃過她的攻擊。」

萬事具備，該啟程了。

到暮光之國的路途遙遠。

荷米斯帶他越過奧西安大河。

當他們來到暮光之國，四周果然灰濛濛。

三個灰女看起來像是三隻體形龐大的灰鳥。柏修斯靜靜躲在一旁，等到其中一個灰女取下眼睛，準備要交給另一人時，他順手接過眼睛，她們因為看不到，並不知道眼睛被搶了。

柏修斯開口時，灰女們尖聲求他：「把眼睛還我們。」

「那當然行，只要妳們跟我說北方仙女住哪兒。」

灰女很怕看不到這世界，只好把北方仙女住的地方，詳詳細細的告訴他。

那地方太遙遠，一般人到不了。

幸好，柏修斯有荷米斯當嚮導，他們歷經長途跋涉，來到北方樂土。

北方樂土的人熱情的接待柏修斯，邀他參加宴會，請他觀賞舞蹈，還送給他三樣神奇的武器……

一個魔法袋，可以裝進任何東西。

一頂隱形帽，只要戴上它，沒人看得到他。

還有一雙帶翼的涼鞋，幫助他前進的速度變快。

這會兒，柏修斯真的準備齊全了。

他和荷米斯離開北方，飛越奧西安大河，穿越海洋，來到戈爾貢女妖住的小島。

柏修斯的運氣不錯，三個女妖正在睡覺。

透過圓盾，他看見：

女妖身上有巨大的翅膀，身上布滿金色鱗片，更可怕的是，她們的頭髮竟是一條條蠕動的金蛇。

荷米斯指著其中一個戈爾貢。

「她是梅杜莎，只有她殺得掉，另外兩個戈爾貢是不死之身，沒人有辦法除掉她們。」

於是，柏修斯悄悄走近梅杜莎，趁她不注意，一劍割下她的頭，裝進魔法袋。

這時，另外兩個戈爾貢驚醒了，她們大叫著追趕過來，柏修斯不慌不忙，戴上隱形帽，穿上有翼涼鞋，隱身之後立刻離開小島。

回家的路上，他在一個海岸邊發現一位美麗的少女。

少女名叫安卓美妲，她是衣索比亞國王的女兒。女孩有個愚蠢又貪心的母親，竟然在神殿裡誇耀：「仙女算什麼呢？我女兒比她們都要美上一百倍。」

聽了這種大不敬的話，海神波塞頓生氣了。

「比天神還美嗎？好吧，妳把女兒綁在海邊，等著讓海蛇評斷吧。」

柏修斯經過時，剛好碰上這一幕。

美麗的少女被綁在石頭上，等著海蛇來享用。

柏修斯對安卓美妲一見鍾情，決定伸手相助。

他守在海邊，當海蛇得意洋洋躍上海岸時，柏修斯跳出來，一劍砍下海蛇的頭，帶著安卓美妲回去找衣索比亞國王，請求國王把女兒嫁給他。

國王答應了嗎？

當然！女兒「蛇」口逃生，他比什麼都開心呢！

但是，安卓美妲的叔叔不答應，他帶人來抓柏修斯，對方人多勢眾，情勢危急，怎麼辦呢？

柏修斯隨身攜帶超級武器，他打開魔法袋，拿出梅杜莎的頭，那些追來的士兵只看了梅杜莎一眼，全變成了一個個石像。

柏修斯終於回家了。

家裡，正雞飛狗跳呢。母親達娜葉躲在神殿裡，逃避國王波律德克特的逼婚。

柏修斯走進國王的大廳，他的胸前戴著雅典娜的銅盾，身上背著魔法袋，腳上還穿著有翼涼鞋，大家都被他的裝扮給吸引。

「你這是……」

柏修斯利用這機會，拿出超級武器梅杜莎的頭。就那麼一眼，大廳上，國王和大臣們全都變成了石像。他們或坐或站，或張口或瞪眼的，每個人的臉上，都充滿了驚訝的表情。

暴君死了，他推舉收容他們母子的漁夫成為國王，自己帶著家人，回到母親的故鄉。

回到故鄉

當年，他的外公把他們放入大木箱流放，現在……

他們回到外公的國度，膽小的國王阿克利修斯聽說外孫來了，立刻逃走了。神諭說，他會死在自己外孫手裡，這件事，阿克利修斯永遠記得呀。

但，他也沒逃多遠，一顆從空而降的鐵餅就準準的敲在他頭上，國王阿克利修斯真的死了。

鐵餅是誰擲的呢？

沒錯，真的是柏修斯。柏修斯參加運動會，他力氣太大，擲出去，鐵餅竟然飛到運動場外，不偏不倚打在阿克利修斯頭上，應驗了神諭。

柏修斯非常悲傷，他埋葬了外公後，將所有寶貝還給眾神，再將梅杜莎的頭獻給雅典娜。

後來，他和安卓美妲過著幸福美滿的日子。

神話大人物

柏修斯　在希臘神話中，柏修斯順利剷除難纏的女妖戈爾貢，死後，宙斯將他夫妻倆放到星空以表紀念。柏修斯就成了英仙座，安卓美妲則是仙女座。柏修斯其實也是大英雄海克力斯的祖先喔！

第9課

真愛夫妻樹

你曾經看過兩棵樹緊緊纏在一起嗎？

也許，那就是一對曾經深深相愛、發誓永不分離的夫妻變成的！

菲利吉亞是座群山環繞的山城，這天晚上，有戶人家的家門，突然響起一陣敲門聲。

屋子的主人是一對老夫婦，他們家裡窮得只剩一隻鵝，再也沒有其他值錢的東西了。

而現在，外頭風雪正大，誰來了呢？

外頭是一對年輕的旅客，他們高大英挺，還留著濃密的鬍子。

年紀較大的旅客說：「我們敲遍城裡每一戶人家的門，不管富人與窮人，乞求一點兒食物，留我們住宿一夜，可是……」

他的話還沒說完，老婦人就拉著他們進屋裡。

「我們屋子很簡陋，承蒙你們看得起。」

這屋子的門太矮了，旅人得彎下腰才進得去。

老先生搬來長椅，放在爐火邊。

「別忙著說話，你們走了一天一定都凍壞了，先休息。」

老夫婦一邊照顧兩位旅人，一邊與他們聊天。

原來，老先生叫做菲列蒙，老太太叫做包姬絲，他們結婚之後就一直住在這間茅屋裡。

包姬絲說：「我們很窮，但如果你願意承認自己窮，知足也會讓日子好過些。」

她撥著灰燼裡的煤炭，直到爐火開始燃燒，掛上小鍋，等鍋裡的水開了，菲列蒙拿了一顆高麗菜進來。她把菜切一切，丟入鍋裡，加上一條豬肉乾。

煮食物的同時，包姬絲開始擺桌。桌子的腳有一根太短了，她還找來一片碎碗把桌腳墊高。

她在桌上擺了橄欖、蘿蔔、幾枚放在灰燼裡烤熟的雞蛋，等食物都準備好了，老夫婦便請客人上座用餐。

屋子更暖和了，大家都很開心。

老人給客人拿來一個甕，甕裡裝著酒。然而酒喝起來像醋，還摻了大量的水。

菲列蒙很高興，也很自豪，因為他們還請得起客人喝酒。

他們不斷給客人斟酒。

兩個老人都很興奮，所以直到很久很久之後，他們才意識到事情不太對勁，因為不管他們倒了幾杯，甕裡的酒一直是滿的，而且，酒越喝越香，簡直比店裡賣的還好喝。

怎麼回事呢？

兩個老人家面面相覷，不禁感到恐懼，一定是天神降臨了。

他們閉上眼睛，默默禱告，請求天神原諒他們竟然招待了粗糙的食物。

菲列蒙說：「我們有一隻鵝，如果兩位可以等，我們馬上可以煮好。」

抓那隻鵝顯然超出他們的能力，他們動作很慢，手又會發抖，不管怎麼試，那隻胖大的鵝總有辦法逃走。結果鵝沒抓著，兩位老人家卻累癱了。

兩位客人一直看著他們，臉上始終帶著笑容。

等到兩位老人家停下來喘氣時，年紀較大的旅人說了：「你們剛剛接待了天神。」他說：「這個國家的人對陌生人十分惡劣，他們必須接受嚴厲的懲罰。不過你們兩位例外。」

原來，年紀較大的天神其實是宙斯，陪他來的是荷米斯。

宙斯帶他們走出屋外，請他們環顧四周。他們看了都嚇一跳，因為放眼望去，到處都是水，平時熟悉的村莊不見了，四周變成一個大湖。

雖然鄰人平日對他們並不友善，兩人還是為鄰人掉下眼淚。等他們回頭，又發現了奇蹟：包姬絲和菲列蒙住了一輩子的小茅屋消失，眼前是一座雄偉的神殿，有高大的柱子、雪白的大理石地板和黃金打造的屋頂。

「兩位好心人，」宙斯說：「你們有什麼願望，儘管說！你們的願望都會實現。」

兩位老人家低聲商量了一會，菲列蒙說：「您能讓我們當祭司，管理這座神殿嗎？還有，我們在一起很久了，請不要讓我們任何一個人孤獨活著，我們希望最後能死在一起。」

兩位天神點點頭，笑著消逝在老人家面前。

後來，包姬絲和菲列蒙在神殿裡服務很久很久，直到有一天，他們站在宏偉的神殿面前，一邊談著過去的生活，一邊聊著自己的希望。

這時，他們突然看到對方身上長出葉子。樹皮迅速覆蓋彼此的身體，兩人只來得及說上一句：「別了，老伴。」

話才出口，他們已經變成樹，一棵是橡樹，另一棵是菩提樹，神奇的是這兩棵樹共享一根樹幹，果然如他們所願，永遠在一起。

聽到這個奇蹟，人們從四面八方湧來，為兩棵樹掛上花圈，像在紀念這對虔誠忠實的夫妻。

神話大人物

包姬絲和菲列蒙

「夫妻樹」的故事出自古羅馬詩人以古希臘天神為角色所創作的《變形記》。相較於諸神與英雄充滿嫉妒、掠奪的情感糾葛，「夫妻樹」傳達了高貴的美德和堅貞的愛情。

第10課

畢拉穆斯與緹絲碧

你知道紫紅色的桑葚，曾經是白色的嗎？故事要從一對相愛不渝的戀人，做了一個決定說起……

很久很久以前，桑葚曾經像雪一樣潔白無瑕。

那時有一對戀人，男的叫做畢拉穆斯，是世上最英俊的男子；女的叫做緹絲碧，她是月光下最美麗的少女。

他們住的城裡人家多，房子蓋得密。畢拉穆斯和緹絲碧的家緊緊相鄰，中間只隔著一道牆。他們從小就互相喜愛，可惜的是，雙方的父母卻因為一點小事撕破臉。因此，總是阻止他們兩人見面。

幸好，共用的牆上有個小小的縫。他們發現那道裂縫，便利用它來互訴相思。每天早上，當黎明女神收回星星，陽光晒乾草上白霜，他們會依約來到牆縫邊，隔著牆，傾訴自己最深情的思念。

當黃昏女神降臨，施放滿天星斗，他們只好依依不捨的分離，互相在牆上留下

自己的吻，紅著臉，滿懷希望的回房去。

這道牆，阻隔了他們。

牆上的縫隙，卻維繫了他們的戀情。

然而，這樣的苦戀要到何年何月呢？

有這麼一天，他們再也無法承受隔牆的思念。

「走。跟我走。」畢拉穆斯在牆的這邊說。

「但是，上哪兒去呢？」緹絲碧在牆的那邊問。

透過牆縫，畢拉穆斯堅定的說：「上哪兒都行，外頭寬闊的田野，象徵我們自由的愛情，愛情不能被這堵牆攔阻。」

他們約定：日落後，在郊外桑樹下相見。

那個季節，桑樹長滿雪白的果實，即使在夜晚，也很容易找到它。

太陽沉入海面，夜晚來臨。

緹絲碧偷偷離開家，悄悄找到那棵桑樹。

她到了，畢拉穆斯還沒來。

緹絲碧坐在樹下靜靜的等待，想到即將和愛人永遠在一起，她好開心，心跳得好快。

然而，當月亮出來時，她突然看見，一頭母獅正踩著月光走過來。

母獅剛殺獵物，爪子上還沾滿鮮血，牠走得並不快，緹絲碧還有時間閃開，她慢慢的起身，慢慢的離開樹下躲了起來。

她太慌了，竟然把斗篷遺忘在樹下。

獅子經過樹下時，踩到了她的斗篷，這頭獅子聞聞嗅嗅，把斗篷撕得粉碎才離去。

明亮的月光下，畢拉穆斯終於到了。

映入他眼簾的，卻是一件沾血的斗篷，他認得出來那是緹絲碧的，當然，還有獅子留下來的凌亂腳印。

「緹絲碧已經死了……都怪我，都怪我，是我沒來保護她……」

他捧著那件斗篷，傷心欲絕的走到桑樹下：「妳走了，現在，該我流血了。」

畢拉穆斯拔出劍，狠狠的刺入自己的身體，他的血噴灑在桑樹上，把雪白的桑葚染成豔紅。

緹絲碧怕那頭母獅，但是她更怕對情人失信，不久，她也冒險回來了。

只是，她找來找去，就是找不到那棵長滿白果的桑樹。

除了一棵樹——

月光更亮了，她知道那是桑樹，卻沒看見半顆白果。

她疑惑的盯著樹時，樹下好像有什麼東西在動。她嚇得渾身顫抖，遲疑的接近，然後，她認出，那是畢拉穆斯。

她撲過去，緊緊抱著畢拉穆斯，看著他身上的劍，還有那件染血的斗篷。

「以前，我以為只有愛能讓我們分開，」她哭著說：「現在連死亡也無法分開我們了。」

她一劍刺入自己的心臟，劍上還留著畢拉穆斯的血。

戀人的結局讓眾神也不禁唏噓，後來，桑葚的果實就因此成了深紅色，為這段真愛做永恆的見證。

畢拉穆斯和緹絲碧　這對戀人的故事淒美雋永，和「真愛夫妻樹」一樣出自古羅馬詩人的《變形記》，內容受人喜愛，後來不斷被改編重述，有人說莎士比亞的《羅密歐與茱麗葉》也深受影響呢！

第11課

希茲與阿爾珂妮

即使知道離開家必定遭逢危險，

為了家園平安，還是不得不啟程。

沒想到，又一對感情深厚的夫妻被迫分離……

希茲是帖撒利國王，王后阿爾珂妮是風神的女兒。

他們夫妻的感情很好，結婚以來，從沒分開過。

然而，好的不來，壞的偏來。帖撒利王國近來遭遇一連串不好的事：國內有瘟疫，害死不少人；成千上萬的蝗蟲來襲，田裡的莊稼全受損。

希茲想出海問問海神，現在應該怎麼辦？

阿爾珂妮捨不得，她哭了。「我是風神的女兒，我見過太多海上暴風的犧牲者，你不要去！如果你堅持要去，請帶我走，讓我們永遠在一起。」

希茲很愛妻子，他也不想離開妻子，但是，他是國王，必須為百姓著想，即使知道旅途艱險，他還是非走一趟不可。

阿爾珂妮只能屈服，她有預感，這是他們夫妻最後一次見面。希茲出發時，她跑到岸邊高崖佇立，直到再也看不見船影為止。

希茲的船一出海就碰上暴風，海浪跟山一樣高，像要撕裂這艘船，船上的水手

都嚇壞了，他們不停呼喊眾神的名字。

然而，暴風強烈，掀起的海浪吞沒了這艘船。

然而希茲始終都很平靜，因為他知道，海上的風浪再大，王后阿爾珂妮是安全無虞的。

岸上的阿爾珂妮等待丈夫歸來，痴痴的計算丈夫返家的日子，她努力讓自己忙個不停，免得整日只想這件事。

她先幫丈夫織了一件衣服，然後也為自己織了一件，她希望丈夫返家時，她是漂漂亮亮的。她邊織著衣裳邊向宙斯禱告，求宙斯讓丈夫平安回來。

她的禱告感動了宙斯，因為宙斯早就知道希茲死了。

宙斯派使神荷米斯去找睡神。

睡神的家在黑暗國度，那是一個漆黑的山谷。

睡神山谷裡的時間是靜止不動的，陽光從不曾拜訪這裡，沒有花開，沒有雞鳴，山谷裡的河流，緩慢而單調的低吟，誘使人聽了就進入夢鄉。

這會兒，睡神正躺在黑色的軟榻上沉沉的睡著。

荷米斯穿著彩色的斗篷到了。他一跨入睡神的家，昏暗的屋子立刻光彩了起來，睡神不好叫醒，但是等睡神一醒來，荷米斯立即奪門而出，因為他也擔心自己陷入永恆的夢裡。

宙斯的命令不能不從，睡神卻還睡不夠呀。

睡眼惺忪無法工作，於是，睡神派兒子摩爾菲斯去執行任務。

摩爾菲斯張開無聲翅膀，像陣輕煙般，悄悄來到阿爾珂妮的床邊。

他把自己變成了溼淋淋的希茲，說：「可憐的妻子呀，妳張開眼睛看看，誰來啦？」

阿爾珂妮翻了個身，摩爾菲斯走到另一邊繼續說：「妳不認得我了嗎？難道海水浸壞了我的臉？」

阿爾珂妮驚恐的醒來，她相信丈夫真的死了。「希茲，別丟下我一個人，我們一起走。」

她赤足來到海邊高崖，當時她就站在這兒送走丈夫，而現在……

遙遠的海面上，好像有東西漂過來，那東西越來越近，直到她發現那是一具屍體。

「是你嗎？親愛的？」

海上的屍體無法回答她，絕望的王后哭喊著跳下崖。

她確定，那真是她丈夫。

可憐的王后還沒落到海面，她的衣服就灌滿了風，彷彿一隻鳥。

神奇的事發生了，阿爾珂妮的身體在空中長出羽毛，雙手變成了翅膀，她真的變成一隻鳥，飛向海上那具屍體……

奇蹟還沒結束，仁慈的眾神也把希茲變成一隻鳥，他從海上躍起，拍著翅膀，迎向阿爾珂妮。

這是一對恩愛的鳥，他們一起在水面上飛行，一起築巢，一起覓食。

從此，每年的冬天，大海會有七天安靜無風，那是阿爾珂妮孵蛋的日子，等小鳥出來後，這平靜的魔法才會消失。

魔法是阿爾珂妮的父親送給心愛女兒的禮物，別忘了，她父親是風神之王，他約束所有的風，別打擾自己女兒的好日子。

後來，人們把這七天叫做「阿爾珂妮日」，紀念一對真愛的夫妻。

神話大人物

希茲與阿爾珂妮 這對夫妻在希臘神話中非常恩愛，由於他們死後變成了鳥，因此他們的愛情故事特別受自然作家的喜愛。也有許多音樂家以阿爾珂妮思念丈夫的故事創作歌劇。特別值得一提的是，好幾種翠鳥命名時引用了夫妻倆的名字呢！

小麥田

故事館 40

給孩子的希臘羅馬神話故事（下）

地獄的英雄任務

作　　者　王文華
插　　畫　九　子
封面·內頁設計　黃鳳君
責任編輯　徐　凡

國際版權　吳玲緯
業　　務　李再星　陳紫晴　陳美燕
副總編輯　巫維珍
編輯總監　劉麗真
總 經 理　陳逸瑛
發 行 人　凃玉雲
出　　版　小麥田出版
10483 台北市中山區民生東路二段 141 號 5 樓
電話：(02)2500-7696
傳真：(02)2500-1967
發　　行　英屬蓋曼群島商家庭傳媒股份有限公司
城邦分公司
10483 台北市中山區民生東路二段 141 號 11 樓
網址：http://www.cite.com.tw
客服專線：(02)2500-7718 ｜ 2500-7719
24 小時傳真專線：(02)2500-1990 ｜ 2500-1991
服務時間：週一至週五 09:30-12:00 ｜ 13:30-17:00
劃撥帳號：19863813　　戶名：書虫股份有限公司
讀者服務信箱：service@readingclub.com.tw
香港發行所　城邦（香港）出版集團有限公司
香港灣仔駱克道 193 號東超商業中心 1 樓
電話：+852-2508-6231
傳真：+852-2578-9337
電郵：hkcite@biznetvigator.com
馬新發行所　城邦（馬新）出版集團 Cite(M) Sdn. Bhd
41, Jalan Radin Anum, Bandar Baru Sri Petaling,
57000 Kuala Lumpur, Malaysia.
電話：+603-9057-8822
傳真：+603-9057-6622
電郵：cite@cite.com.my
麥田部落格　http:// ryefield.pixnet.net
印　　刷　前進彩藝有限公司
初　　版　2017 年 4 月
初版四刷　2020 年 8 月
售　　價　280 元

ISBN 978-986-935-268-0
Printed in Taiwan.

國家圖書館出版品預行編目資料

給孩子的希臘羅馬神話故事（下）：
地獄的英雄任務／王文華著；
-- 初版 . – 台北市：小麥田出版：
家庭傳媒城邦分公司發行 , 2017.4
面；公分 (故事館 ; 40)
ISBN 978-986-93526-8-0（平裝）
1. 希臘神話 2. 羅馬神話

284.95　　106002886